# ITALIENISCHE KÜCHE

Marianne Kaltenbach · Remo Simeone
Rezeptfotos von Wolfgang und Christel Feiler

# Italienische Küche

Bassermann

# INHALT

VIVA ITALIA –
ESSEN UND TRINKEN
WIE IN ITALIEN ................................... 6

PIEMONT UND
AOSTATAL
Geheimtips für edle Genießer ......................... 10

LOMBARDEI
Käse und Reis als Krönung höchster Kochkunst ...... 30

SÜDTIROL, VENETIEN UND
FRIAUL-JULISCH VENETIEN
Unmaskierte Vielfalt aus Küche und Kelle ............. 48

EMILIA-ROMAGNA
Erlesenes nicht nur aus Parma ........................ 64

UMBRIEN, MARKEN,
ABRUZZEN UND MOLISE
Kostbarkeiten aus Wald, Feld und Meer ............. 78

## KAMPANIEN, BASILICATA, KALABRIEN UND APULIEN

Mehr als nur Pizza und Pasta..........................94

## SIZILIEN UND SARDINIEN

Paradies kulinarischer Inselschätze..................112

## ROM UND LATIUM

Dolce vita rund um die Ewige Stadt..................128

## TOSKANA

Wo man in einem besonderen Licht tafelt ..........144

## LIGURIEN

Kräutergarten im Norden mit Seefahrertradition...164

Übersicht zu wichtigen Zutaten
und Begriffen der italienischen Küche............184

Rezeptverzeichnis nach Menüfolge ...............187

Rezeptverzeichnis in deutsch .....................188

Rezeptverzeichnis in italienisch ...................189

# VIVA ITALIA – ESSEN UND TRINKEN WIE IN ITALIEN

### Die Küche der Regionen

Sie ist einfach, natürlich, oft sogar bäuerlich derb. Und sie ist die Wiege der europäischen Kochkunst: die italienische Küche, von der allerdings zu recht behauptet wird, daß es sie als Einheit gar nicht gibt. Italiens Küche ist die Küche der Regionen.

Ihre Küchenkünste sind genauso vielfältig wie die Provinzen und ihre Bewohner. Jede Region hat ihre typischen Spezialitäten, und die wiederum sind geprägt von der Landschaft und vom Klima, aber

auch von ihrer Kultur und ihrer Geschichte. Und so wird in den Bergdörfern der Alpen anders gekocht als in denen Siziliens, an der Adria anders als an der Riviera und in Florenz anders als in Mailand.

### Geheimnisse aus Küche und Keller

Da die Italiener ausgesprochen traditionsbewußt sind, und jede Familie ihre alten Küchengeheimnisse über Generationen hinweg hütet, hat sich in der italienischen Küche eine Vielfalt entwickelt, die kaum ein anderes Land zu bieten hat.

Und genau dieses faszinierende Spektrum der *vera cucina italiana,* der echten italienischen Küche, wollen wir Ihnen in diesem Buch ein bißchen näherbringen. Lehnen Sie sich bequem zurück, und gehen Sie mit uns auf kulinarische Entdeckungsreise durch Italien, von Piemont bis nach Sizilien.

### Italien mit allen Sinnen entdecken

Lassen Sie sich in malerische Dörfer führen, bestaunen Sie die herrliche Landschaft, tauchen Sie ein in die geschichtsträchtige Kultur dieses Landes. Bummeln Sie mit uns über den Gemüsemarkt von Palermo und den Trüffelmarkt von Alba, schauen Sie den Reismüllern in der Poebene, den Käsebäuerinnen im Aostatal und den Pizzabäckern in Neapel bei ihrer Arbeit über die Schulter. Erkunden Sie die Keller der Weinbauern im Chianti-Gebiet, und lassen Sie sich von einer italienischen *mamma* in die Geheimnisse der Pastazubereitung einweihen.

Beim Durchblättern des umfangreichen Rezeptteiles werden Sie staunen, wie einfach und dennoch raffiniert Fleisch, Fisch und Geflügel *all'italiana* zubereitet werden, wie schmackhaft Gemüse und Sala-

te, und wie üppig Desserts sein können. Sie werden mit Sicherheit ein paar Klassiker wie *saltimbocca alla romana* und *spaghetti alla carbonara* wiederfinden, aber auch auf noch kaum bekannte regionale Spezialitäten treffen.

Am Ende dieses Kapitels finden Sie eine Menge Anregungen, um Ihre Menüs ganz individuell zusammenzustellen. Damit können Sie auch zu Hause so schlemmen wie einst Lukull im antiken Rom.

### Die Römer und der Käsekuchen

Begonnen hat natürlich alles mit den alten Römern. Sie holten sich ihre Rezeptideen aus Kleinasien und aus Griechenland, vermischten alles mit den Produkten aus dem eigenen Land, und fertig war der Beginn der italienischen Kochkunst.

Zu Zeiten Caesars kannte man bereits *gnocchi* und *frittata,* Würzsaucen und Käsekuchen, schätzte Kräuter und gutes Olivenöl, trank Wein aus den römischen Provinzen und tafelte, daß sich die Tische bo-

gen. So soll ein gewisser Phagus am Hofe des Kaisers Aurelian bei einem Abendessen 1 Wildschwein, 1 Hammel, 1 Ferkel und 100 Brote vertilgt haben.

Doch es waren nicht die Gelage der Oberschicht, die die römische Küche maßgeblich beeinflußt haben. Vielmehr war es die einfache Küche der Hirten und Bauern, die ihr Brot damals wie heute mit Salz und Olivenöl würzten.

Nach dem Untergang des Römischen Reiches entwickelte sich erst in der Renaissance wieder eine italienische Eßkultur. Florenz wurde Mittelpunkt der Kochkunst, die Mahlzeiten immer abwechslungsreicher, und das nicht nur bei Hofe. Auch im einfachen Volk aß man Salat und Früchte als Vorspeise und Trauben, Käse sowie Feigen zum Dessert.

Im 15. Jahrhundert wird die *pasta* Hauptbestandteil der italienischen Mahlzeit, obwohl in einem Kochbuch aus dem 13. Jahrhundert bereits *tortellini* und *vermicelli* erwähnt werden Und auch aus der Neuen Welt kommen Produkte, die in der italienischen Küche

schnell heimisch werden: Tomaten, weiße Bohnen, Peperoni und der Mais für die *polenta*.

Und schließlich war es auch eine Italienerin, die die Entwicklung der französischen Küche wesentlich beeinflußt hat. Als Katharina von Medici von Florenz nach Frankreich reiste, um den zukünftigen König Heinrich II. zu ehelichen, brachte sie lieber gleich ihre eigenen Köche mit.

## Nur das Beste ist gut genug

Jeder Italiener ist ein *buongustaio*, ein Feinschmecker. Schon von Kindesbeinen an legt er Wert auf Qualität – und die beginnt bereits bei der Auswahl der Zutaten. Nur das Beste ist ihm gerade gut genug. Und das wird dann auch mit sehr viel Liebe und Sorgfalt zubereitet.

Fast alles ist noch Handarbeit, komplizierte Küchengeräte kennt die italienische Hausfrau nicht. Essen und Trinken betrachtet man als rituelle Handlung und genießt beides in Ruhe. Der Italiener ißt nicht, um seinen Hunger zu stillen, sondern um in Gesellschaft zu genießen und dabei über Gott und die Welt zu reden.

## Die italienische Menüfolge

Ein typisch italienisches Essen beginnt grundsätzlich mit einem *antipasto*, einer Vorspeise, die oft nur aus ein paar Scheibchen Wurst oder einem Salat besteht. Danach folgen als *primo piatto*, also als erster Gang, *minestra* (Suppe), *pasta* (Teigwaren), *risotti* (Reisgerichte) oder *gnocchi* (Klößchen aus Kartoffeln, Grieß oder Mais). Der Haupt-

gang, *piatto di mezzo* genannt, besteht aus Fleisch-, Fisch- oder Eiergerichten. Dazu gibt es als Beilage *(contorno)*, entweder ein leichtes Gemüse *(verduro)*, nur ein Zitronenviertel oder höchstens eine Kartoffel zu Fleisch- und Fischgerichten und Polentaschnitten zu großen Braten oder Saucengerichten. Den Abschluß eines italienischen Menüs bilden *dolce o formaggio*, also Süßspeisen, Früchte oder Käse mit Früchten. Eine Flasche Landwein und eine Karaffe mit Wasser gehören ebenso auf den Tisch wie frisches Weißbrot.

Das Abendessen ist immer ein bißchen umfangreicher als das Mittagessen, aber auch hier wird auf den ersten Gang nicht verzichtet. Bei besonderen Anlässen serviert man nach dem ersten Gang noch ein Zwischengericht, entweder eine warme Vorspeise, ein besonderes Gemüse- oder ein Fischgericht.

## Gaumenfreuden all'italiana

Im Rezeptteil finden Sie genaue Angaben, welches Gericht als Vorspeise, erster Gang, Hauptgericht, Beilage oder Dessert serviert werden kann. Mit den delikaten Rezepten läßt sich ganz nach Lust und Laune Ihr individuelles, echt italienisches Schlemmermenü zusammenstellen, entweder regional oder überregional. Und für alle, die es schon gar nicht mehr abwarten können, kommen hier vorweg unsere Menüvorschläge.

Ganz gleich, für welches Menü Sie sich auch entscheiden: Bringen Sie viel Zeit fürs Essen und Reden mit, und genießen Sie – denn gerade das ist typisch italienisch …

**CROSTINI CON FEGATINI**
**DI POLLO**
*(Kleine Lebertoasts,*
*Rezept S. 146)*

**MINESTRA DI ZUCCHINI**
**CON LE COZZE**
*(Zucchinisuppe mit Muscheln,*
*Rezept S. 166)*

**LEPRE ALLA CACCIATORA**
**E POLENTA**
*(Wildhase nach Jägerart,*
*Rezept S. 88,*
*und Maisbrei, Rezept S. 16)*

**SEMIFREDDO ALL'AMARETTO**
**CON FICHI**
*(Amarettoparfait mit Feigen,*
*Rezept S. 111)*

**INSALATA DI FINOCCHIO**
**ED ARANCE**
*(Fenchelsalat mit Orangen,*
*Rezept S. 114)*

**RISOTTO CON IMPANATE**
**DI SALMONE**
*(Gorgonzolarisotto mit Lachs,*
*Rezept S. 36)*

**SPIGOLA RIPIENE**
**ALLE ERBE AROMATICHE**
**E PATATE ALLA GENOVESE**
*(Wolfsbarsch mit Kräuterfüllung,*
*Rezept S. 122,*
*und Kartoffeln mit Sardellen,*
*Rezept S. 179)*

**GELATO DI RICOTTA**
**ALLA ROMANA**
*(Ricottaeis nach römischer Art,*
*Rezept S. 141)*

## Hinweise zu den Rezepten

Bevor Sie sich nun von uns in die Welt der Gaumenfreuden auf italienische Art führen lassen, hier noch einige Tips zum Umgang mit den Rezepten:

❖ Die Rezepte sind, wenn nicht anders angegeben, für 4 Personen berechnet.

❖ Der zu jedem Rezept angegebene Arbeitsaufwand schließt die Zeiten für das Waschen, Putzen und Zerkleinern der Zutaten ein. Gar- und Backzeiten sind gesondert erwähnt. Ebenso wie diese müssen auch die weiteren im Rezept genannten Sonderzeiten, wie z.B. Marinierzeiten, zum Arbeitsaufwand hinzugerechnet werden. Alle Zeitangaben beruhen auf durchschnittlichen Erfahrungswerten. Aufgrund der Beschaffenheit des Kochgeschirrs oder von Herden und Backöfen können diese Zeitangaben geringfügig von der tatsächlich benötigten Zeit abweichen.

❖ Die Mengenangaben beziehen sich immer auf die ungeputzte Rohware. Das ermöglicht Ihnen ein unkompliziertes Einkaufen nach der im Rezept angegebenen Zutatenliste.

❖ Die Backofentemperaturen in den Rezepten beziehen sich immer auf einen Elektrobackofen mit Ober- und Unterhitze.

❖ Fast alle der in den Rezepten erwähnten Zutaten sind mittlerweile in gut sortierten Supermärkten problemlos erhältlich. Die Originalprodukte der italienischen Anbieter bekommen Sie in italienischen Feinkostläden. Sehen Sie sich darin doch einmal in aller Ruhe

um, und lassen Sie sich von den „echten Kennern der italienischen Küche" beraten. Dann stimmen Sie sich schon so richtig ein auf das Kochen *all'italiana*.

❖ In manchen Rezepten werden besondere Fleisch- und Fischstücke (z.B. Kalbsteaks oder Stockfisch) verwendet. Da nicht jede Metzgerei oder jedes Fischfachgeschäft diese ständig vorrätig hat, empfiehlt es sich, solche Sonderwünsche bereits einige Tage vor der eigentlichen Zubereitung des Gerichtes anzumelden.

Mit diesen Ratschlägen gut versorgt, können Sie nun die kulinarische Reise von Piemont nach Sizilien antreten.

Die Autoren und die BASSERMANN Redaktion wünschen Ihnen viel Vergnügen beim Lesen und viel Freude beim Nachkochen der Rezepte.

### Abkürzungsverzeichnis

| | | |
|---|---|---|
| Min. | = | Minuten |
| Std. | = | Stunde(n) |
| TL | = | Teelöffel (gestrichen) |
| EL | = | Eßlöffel (gestrichen) |
| g | = | Gramm |
| kg | = | Kilogramm |
| ml | = | Milliliter |
| l | = | Liter |
| cm | = | Zentimeter |
| TK- | = | Tiefkühl- |
| ø | = | Durchmesser |
| °C | = | Grad Celsius |
| ca. | = | circa |

ITALIEN
UND DIE REGIONEN

SÜDTIROL

FRIAUL-
JULISCH
VENETIEN

Trient

Triest

Aosta

AOSTATAL

Mailand

VENETIEN

Venedig

N

Turin

PIEMONT

LOMBARDEI

W          O

LIGURIEN

Bologna

S

Genua

EMILIA-

ROMAGNA

Ancona

Ligurisches
Meer

Florenz

TOSKANA

MARKEN

A
d

Perugia

UMBRIEN

ABRUZZEN

r
i

Rom

LATIUM

L'Aquilla

a

Campobasso

Tyrrhenisches  Meer

MOLISE

APULIEN

Bari

Neapel

KAMPANIEN

Potenza

BASILICATA

SARDINIEN

Cagliari

KALABRIEN

Catanzaro

Palermo

Ionisches
Meer

SIZILIEN

Mittelmeer

# PIEMONT UND
# AOSTATAL

*Geheimtips
für edle Genießer*

# Piemont und Aostatal

„Piemont ist die Wiege Italiens", sagen seine Bewohner nicht ohne Stolz. Immerhin stammte der erste Herrscher des vereinigten italienischen Königreiches aus dem Piemonteser Fürstenhaus Savoyen. Das blieb nicht ohne Folgen. Deftiges aus der Alpenregion, gewürzt mit einem Hauch höfischer Raffinesse – diese Mischung verspricht Gaumenfreuden und Genuß von unvergleichlicher Güte.

# INVOLTINI DI PEPERONI

## GEFÜLLTE PAPRIKASCHOTEN

*Stammt aus dem Monferrato (Piemont)*
*Arbeitsaufwand: ca. 35 Min.*
*Grillzeit: ca. 30 Min.*

**Für 4 Personen**

*Für die Paprikaschoten:*
*4 sehr große rote oder gelbe*
*Paprikaschoten*
*(oder 8 kleine)*
*1 Dose Thunfisch*
*(ca. 150 g Abtropfgewicht)*
*2 hartgekochte Eier*
*6 EL kaltgepreßtes Olivenöl*
*1 große Knoblauchzehe*
*2 EL gehackte Petersilie*
*Salz, Pfeffer aus der Mühle*
*einige Salatblätter, z.B. Rucola,*
*Chicorée, Eichblatt, Lollo Rosso*

*Für die Sauce:*
*4 EL kaltgepreßtes Olivenöl*
*Saft von 1 Zitrone*
*Salz, Pfeffer aus der Mühle*

*• Sie können den Thunfisch durch entgrätete Sardinen aus der Dose ersetzen.*

1• Die Paprikaschoten unter dem Grill rösten, bis die Haut braune Flecken bekommt. Sie in eine Schüssel legen, mit einem Tuch bedecken und etwas abkühlen lassen. Danach die Haut vorsichtig ablösen.

2• Von den Paprikaschoten die Stielansätze entfernen. Sie dann der Länge nach aufschneiden, entkernen und die runden unteren Abschnitte sowie die Spitzen wegschneiden, so daß glatte Rechtecke entstehen.

3• Die Paprikarechtecke zur Weiterverwendung auf einer Arbeitsfläche ausbreiten. Die Abschnitte und Spitzen in sehr kleine Würfel schneiden.

4• Den Thunfisch abgießen, auf ein Brett geben und mit einem großen Messer fein hacken. Die Eier pellen. Die Eigelbe durch ein Sieb in eine Schüssel streichen. Nach und nach das Olivenöl darunterarbeiten, bis eine Paste entsteht.

5• Den Knoblauch schälen und durch die Presse drücken. Die gekochten Eiweiße in sehr kleine Würfel schneiden. Diese zusammen mit der Eigelbpaste, Thunfisch,

Paprikawürfeln, Petersilie, Knoblauch sowie Salz und Pfeffer mischen.

6• Die Masse in einen Spritzbeutel ohne Tülle einfüllen und in Wurstform auf die Paprikarechtecke spritzen. Die Paprikaschoten zu Rollen formen. Die Röllchen mit den gewaschenen Salatblättern auf Tellern anrichten.

7• Für die Sauce das Olivenöl zusammen mit dem Zitronensaft kräftig aufschlagen, bis eine gebundene Sauce entsteht. Diese dann mit Salz und Pfeffer abschmecken. Die Salatblätter damit beträufeln und die restliche Sauce neben die Röllchen gießen.

## GETRÄNKETIP

*trockener Weißwein, z.B. Arneis del Roero oder Gavi dei Gavi (1–3jährig)*

# CARNE CRUDA ALLA PIEMONTESE (CARPACCIO)

## MARINIERTES ROHES RINDFLEISCH

*Stammt aus dem Piemont
Arbeitsaufwand: ca. 30 Min.*

### Für 4 Personen

*300 g Rinder- oder Kalbsfilet
(vom Mittelstück)
1 Stange Staudensellerie
Salz
2 EL Zitronensaft
4 EL kaltgepreßtes Olivenöl
Pfeffer aus der Mühle
2 EL feingehobelter Grana
Padano (ital. Hartkäse)
oder Parmesan*

**1•** Das Filet von Haut und Fett befreien und im Tiefkühlgerät leicht anfrieren lassen.

**2•** Inzwischen die Selleriestange waschen und den zarten Teil in sehr kleine Würfel schneiden. Den Rest für ein anderes Gericht mit Staudensellerie verwenden.

**3•** Das Salz und den Zitronensaft gut vermischen und dann das Olivenöl unter kräftigem Rühren langsam hinzufügen, bis eine gebundene Sauce entstanden ist.

**4•** Das angefrorene Fleisch in sehr dünne Scheiben schneiden (am besten mit der Aufschnittmaschine oder aber mit dem elektrischen Messer).

**5•** Die Fleischscheiben auf flachen Tellern ausbreiten. Sie mit Pfeffer bestreuen. Die Sauce gleichmäßig auf den Fleischscheiben verteilen. Alles mit Klarsichtfolie bedeckt im Kühlschrank ungefähr 30 Minuten durchziehen lassen.

**6•** Zum Schluß das Ganze mit den Selleriewürfelchen und dem gehobelten Käse bestreuen.

### Variation

• Um eine neue Geschmacksvariante zu probieren, geben Sie anstelle des Käses einige feingehobelte weiße Trüffel oder ein wenig Trüffelöl auf die marinierten Fleischscheiben.

### TIPS

• *Dieses ursprünglich aus dem Piemont stammende Gericht wird heute in verschiedenen Variationen unter der Bezeichnung „Carpaccio" angeboten.*

• *Das Fleisch können Sie sich beim Metzger bereits in Scheiben schneiden lassen.*

### GETRÄNKETIP

*trockener Rotwein, z.B. Dolcetto d'Alba oder Barbera d'Alba (2–3jährig)*

Stammt aus dem Aostatal
Arbeitsaufwand: ca. 15 Min.
Garzeit: ca. 35 Min.

**Für 4 Personen**

*Für die Polenta (Grundrezept):*
*750 ml Wasser*
*Salz*
*300 g mittelfeiner Maisgrieß*

*Außerdem:*
*180 g Fontina (ital. Schnittkäse*
*aus Rohmilch)*
*80 g Butter*

*TIP*

• *Anstelle von Fontina können Sie zur Abwechslung eine Mischung aus leicht gerösteter Pancetta (ital. Bauchspeck), Zwiebeln und Mascarpone oder Rahmgorgonzola unter die heiße Polenta ziehen.*

# POLENTA VALDOSTANA

## MAISBREI AUS DEM AOSTATAL

1• Das Wasser zusammen mit dem Salz aufkochen. Den Maisgrieß einrieseln lassen und alles unter ständigem Rühren einmal aufkochen. Den Brei dann etwa 30 Minuten bei ganz schwacher Hitze zugedeckt quellen lassen.

2• Währenddessen den Käse in kleine Würfel schneiden.

3• Sobald die Polenta fertig gekocht ist, sie vom Herd wegziehen. Den Fontina und die Butter zur Polenta geben. Alles für einige Mi-

nuten bei schwacher Hitze unter den Brei rühren, bis der Käse geschmolzen ist und Fäden zieht.

### GETRÄNKETIP

*trockener Rotwein,*
*z.B. Nebbiolo d'Alba (2–3jährig)*
*oder die Raritäten Donnaz*
*oder Enfer d'Arvier (5–6jährig)*

# POLENTA CON RAGÙ

## MAISBREI MIT FLEISCHSAUCE

**1•** Die Fleischsauce nach der Zubereitungsanweisung (S. 70) zubereiten. Gegen Ende der Kochzeit eine Béchamelsauce zubereiten, wie auf Seite 84 beschrieben.

**2•** Aus Maisgrieß, Wasser und Salz nach dem Grundrezept (S. 16) eine Polenta zubereiten. Nach der Quellzeit die Polenta in einer rechteckigen Form abkühlen lassen.

**3•** Den Backofen auf 220°C vorheizen. Die Polenta stürzen und in 1 cm dicke Scheiben schneiden.

**4•** Den Boden und die Wände einer feuerfesten Form mit der Butter einfetten.

**5•** Die Polentascheiben schichtweise in die Form geben. Dabei jede Schicht mit der Fleischsauce, der Béchamelsauce und dem Parmesan bedecken.

**6•** Die Polenta auf der mittleren Schiene des Ofens 10 bis 15 Minuten überbacken, bis der Käse geschmolzen ist und eine leichte Kruste gebildet hat.

---

Stammt aus dem Piemont
Arbeitsaufwand: ca. 30 Min.
Garzeit: ca. 45 Min.

**Für 4 Personen**

1 Grundrezept Fleischsauce
(Ragù alla bolognese) (S. 70)
1 Grundrezept Béchamelsauce
(S. 70)

Für die Polenta:
300 g mittelfeiner Maisgrieß
750 ml Wasser, Salz

Außerdem:
3 EL Butter
50 g geriebener Parmesan

### GETRÄNKETIP

roter Landwein,
z.B. Barbera d'Asti

---

Piemont und Aostatal

# AGNOLOTTI ALLA PIEMONTESE

## TEIGTASCHEN NACH PIEMONTESER ART

*Stammt aus dem Piemont
Arbeitsaufwand: ca. 1 Std.
Ruhezeit des Teiges: ca. 1 Std.
Garzeit: 10–15 Min.*

**Für 4–6 Personen**

*Für die Teigtaschen:
1 Grundrezept Nudelteig
(S. 82)*

*Für die Füllung:
300 g Ricotta (ital. Frischkäse)
1/2 Zwiebel
1 EL Butter
300 g gehackter Spinat
(TK-Ware)
2 EL gehackte Petersilie
1 Prise Salbeipulver
2 frische Eier
Salz, Pfeffer aus der Mühle
50 g frisch geriebener Grana
Padano (ital. Hartkäse)
oder Parmesan*

*Außerdem:
60 g Butter
8 grob gehackte Salbeiblätter
Salz, Pfeffer aus der Mühle
100 g frisch geriebener Grana
Padano (ital. Hartkäse) oder
Parmesan*

**1•** Für die Teigtaschen einen Nudelteig nach der Zubereitungsanweisung (S. 82) herstellen und bis zur Weiterverarbeitung kühl stellen. Den Ricotta in ein Küchentuch geben und gut ausdrücken.

**2•** Die Zwiebel schälen, fein würfeln und in der Butter 2 bis 3 Minuten dünsten. Den gut ausgedrückten Spinat feinhacken und dazugeben. Unter Wenden dünsten, bis alle Flüssigkeit verdunstet ist. Anschließend die Petersilie ganz kurz mitdünsten und die Masse dann erkalten lassen.

**3•** Unter die Gemüsemasse den Ricotta, das Salbeipulver sowie die Eier mischen und alles mit Salz und Pfeffer würzen. Nun den geriebenen Käse unterheben.

**4•** Den Teig mit der Nudelmaschine oder mit dem Nudelholz so dünn wie möglich ausrollen. Mit Hilfe eines Ausstechförmchens aus dem Teig Kreise von etwa 6 cm ø ausstechen.

**5•** Auf die Hälfte der Teigkreise die Füllung verteilen. Dazu jeweils einen Teelöffel der Füllung in die Mitte der Kreise geben. Die Teigränder mit Wasser befeuchten, die restlichen Teigkreise darauf legen und die Ränder gut andrücken, damit die Füllung nicht herausläuft.

**6•** Die Teigtaschen in reichlich kochendem Salzwasser oder in Brühe (wenn sie ohne Sauce serviert werden sollen) in 2 bis 3 Minuten knapp weich kochen.

**7•** Die Agnolotti in Suppenteller geben. Die Butter zusammen mit den Salbeiblättern aufschäumen lassen, salzen, pfeffern und auf die Agnolotti träufeln.

**8•** Nach Belieben mit Grana Padano oder Parmesan bestreuen.

*TIPS*

• *Die Agnolotti können Sie auch mit anderen Zutaten füllen, zum Beispiel mit Kalbfleisch, rohem Schinken und weißen Trüffeln. Ganz apart schmeckt die Füllung mit Rindfleisch, Wurst, Pancetta, Wirsing und weißen Trüffeln.*

• *Mit flüssiger Butter begossen und mit gehobelten weißen Trüffeln bestreut, werden die Agnolotti zu einer edlen Delikatesse.*

**GETRÄNKETIP**

*trockener Rotwein,
z.B. Grignolino d'Asti
(1–3jährig)*

# VITELLO TONNATO

## KALTES KALBFLEISCH MIT THUNFISCHSAUCE

*Stammt aus dem Piemont*
*Arbeitsaufwand: ca. 35 Min.*
*Garzeit: 45–60 Min.*
*Marinierzeit: 1–2 Tage*

**Für 6 Personen**

*Für das Kalbfleisch:*
*1 Karotte*
*1/2 Stange Staudensellerie*
*800 g Kalbsnuß*
*1 Knoblauchzehe*
*1 mit 1 Lorbeerblatt und*
*1 Gewürznelke gespickte Zwiebel*
*1/2 l Weißwein*
*1 EL Weißweinessig*
*1/4 l Wasser*
*Salz, Pfeffer aus der Mühle*

*Für die Sauce:*
*1 Dose Thunfisch ohne Öl*
*(150 g Abtropfgewicht)*
*2 Sardellenfilets (aus dem Glas)*
*Saft von 1/2 Zitrone*
*100 g Mayonnaise*

*Außerdem:*
*1 EL Kapern*
*einige Cornichons*
*2 hartgekochte Eier*
*6 Cherrytomaten*
*1 Zitrone*

**TIP**
• *Sie können auf die gleiche Art auch Putenbrust zubereiten. Die Garzeit ist bei dieser Fleischsorte kürzer, so daß die Putenbrust in 35 bis 40 Minuten gar ist.*

1• Die Karotte und den Sellerie putzen und waschen. Die Karotte ebenso wie die Knoblauchzehe schälen. Diese 3 Zutaten zusammen mit dem Kalbfleisch und der gespickten Zwiebel in einen Topf geben. Den Weißwein, den Essig und das Wasser angießen, mit Salz und Pfeffer würzen und nun das

Fleisch langsam kochen. Es sollte in ¾ bis 1 Stunde gar, aber noch fest sein. Das Fleisch während der Garzeit unbedingt beaufsichtigen, damit es nicht zerfällt. Es dann im Sud erkalten lassen.

2• Für die Sauce den Thunfisch abtropfen lassen, mit einer Gabel zerpflücken und zusammen mit den zuvor abgetropften Sardellen und 50 ml des Fleischsuds im Mixer pürieren.

3• Den Zitronensaft, ⅛ l Fleischsud und die Mayonnaise gut verrühren und mit der Thunfischmasse mischen. Die Sauce darf nicht dick, soll aber sämig sein.

4• Das kalte Fleisch aus dem Sud nehmen und in dünne Scheiben schneiden. Die Stücke wieder zu der ursprünglichen Form zusammensetzen und in ein hohes Gefäß geben. Das Fleisch mit der Thunfischsauce begießen und 1 bis 2 Tage im Kühlschrank ruhen lassen.

5• Vor dem Servieren die Eier pellen und die Zitrone waschen. Beides in Scheiben schneiden. Das Fleisch kranzförmig auf 4 runden oder ovalen Tellern anrichten und mit der Sauce begießen. Abschließend jede Portion mit Kapern, Cornichons, Eischeiben, Cherrytomaten und Zitronenscheiben garnieren.

**GETRÄNKETIP**

*trockener Weißwein, z.B. Gavi oder Arneis del Roero (1–2jährig)*

# BUE AL CUCCHIAIO

## RINDERSCHMORBRATEN IN BAROLO

*Stammt aus dem Piemont*
*Arbeitsaufwand: ca. 35 Min.*
*Marinierzeit: ca. 12 Std.*
*Schmorzeit: 2$^1$/$_2$ – 3 Std.*

**Für 4 Personen**

*Für die Marinade:*
*2 kg Rinderbug (Schulter)*
*2 Karotten*
*$^1$/$_2$ Stange Staudensellerie*
*mit Blättern*
*2 Knoblauchzehen*
*1 TL Pfefferkörner*
*10 Wacholderbeeren*
*1 mit 2 Gewürznelken gespickte*
*Zwiebel*
*$^1$/$_2$ Zimtstange*
*1 Prise Zucker*
*3 Lorbeerblätter*
*1 Zweig Thymian*
*2–3 Salbeiblätter*
*1 Zweig Estragon*
*etwas Majoran und Bohnenkraut*
*$^3$/$_4$ l Barolo (ital. Rotwein)*
*3 EL Marsala (ital. Dessertwein)*
*Salz, Pfeffer aus der Mühle*

*Außerdem:*
*4 EL Olivenöl*
*2 EL Butterschmalz*
*100 g Pancetta (ital. Bauch-*
*speck) oder Schinkenspeck*
*Mehl zum Bestäuben*
*2 EL Cognac*
*2–3 Petersilienzweige*
*etwas Salz*

**GETRÄNKETIP**

*Dazu paßt der Wein,*
*der für die Zuberei-*
*tung gewählt wurde,*
*aber eventuell ein*
*älterer Jahrgang.*

**1•** Das Fleisch zum Marinieren in eine recht große Schüssel legen.

**2•** Das Gemüse putzen, waschen und zerkleinern. Dabei die Karotte in Scheiben schneiden und den Sellerie grob würfeln. Die Knoblauchzehen schälen und ebenso wie die Pfefferkörner und die Wacholderbeeren grob zerdrücken.

**3•** Die Gemüsestücke und die Gewürze zusammen mit der gespickten Zwiebel, der Zimtstange, dem Zucker und den gewaschenen Kräutern zum Fleisch geben. Alles mit Barolo und Marsala begießen und für etwa 12 Stunden im Kühlschrank ruhen lassen. Währenddessen das Fleisch ab und zu wenden.

**4•** Das Fleisch aus der Marinade nehmen, mit Küchenpapier trockentupfen, salzen und pfeffern. Die Marinade durch ein Sieb gießen und die Flüssigkeit auffangen.

**5•** Das Gemüse und die Kräuter im Sieb gut abtropfen lassen und alles in Olivenöl und Butterschmalz andünsten.

**6•** Die Pancetta oder den Schinkenspeck in feine Würfel schneiden. Das Mehl durch ein kleines Sieb auf das Fleisch stäuben und zusammen mit dem Speck zum Gemüse geben. Unter Wenden leicht anbraten und mit dem Cognac ablöschen.

**7•** Die Marinade über das Fleisch gießen. Die gewaschenen Petersilienzweige und wenig Salz dazugeben. Das Fleisch zugedeckt 2 ½ bis 3 Stunden bei schwacher Hitze auf dem Herd oder im Ofen bei 140°C schmoren lassen.

**8•** Nach Ende der Schmorzeit prüfen, ob das Fleisch weich ist. Man sollte es mit einem Löffel essen können, deshalb der italienische Name des Bratens.

**9•** Den Braten und die Lorbeerblätter aus der Sauce nehmen. Diese durch ein Sieb streichen oder im Mixer pürieren.

**10•** Den Braten in Scheiben schneiden. Die Sauce mit Salz und Pfeffer abschmecken und über das Fleisch gießen.

*TIPS*

• *Sie können das Fleisch besser schneiden, wenn es ein wenig abgekühlt ist. In diesem Fall die Scheiben in der Sauce vorsichtig wieder erwärmen.*

• *In manchen Dörfern im Piemont wird dieser Braten auch mit Barbera d'Asti oder d'Alba, den hervorragenden Rotweinen aus der Gegend um Asti und Alba, zubereitet.*

• *Eine Polenta paßt am besten zu diesem Schmorgericht. Beliebt ist auch Kartoffelpüree.*

# BAGNA CAUDA

## GEMÜSEFONDUE

*Stammt aus dem Piemont*
*Arbeitsaufwand: ca. 45 Min.*
*Marinierzeit: 2–3 Std.*
*Garzeit: 25–30 Min.*

**Für 4 Personen**

*Für die Sauce:*
*4 Knoblauchzehen*
*6 EL Milch*
*6 Sardellenfilets (aus dem Glas)*
*6 EL Olivenöl*
*100 g Butter*
*Salz*

*Zum Eintauchen:*
*ca. 1,5 kg Gemüse*
*(z.B. Paprikaschoten,*
*Champignons, Brokkoli- oder*
*Blumenkohlröschen, Stauden-*
*sellerie, grüne Bohnen,*
*Karotten, Radicchio rosso*
*oder junge Fenchelknollen)*

1• Die Knoblauchzehen schälen, fein würfeln und in eine Schale geben. Mit der Milch begießen und für 2 bis 3 Stunden marinieren.

2• Die Sardellenfilets fein schneiden und im Mörser zerdrücken.

3• Das Öl und die Butter in einem feuerfesten Topf (aus Tonerde) oder in einem Fonduetopf erhitzen. Die Sardellen hineingeben und alles unter Rühren bei kleiner Hitze zu einem Mus kochen.

6• Das Gemüse putzen, waschen und schälen. Es je nach Sorte in mundgerechte Stücke, Würfel oder Stifte schneiden. Feste Gemüsesorten, wie Blumenkohl oder Bohnen, müssen kurz mit kochendem Wasser überbrüht werden.

7• Die Gemüsestücke auf einer Platte anrichten. Das Rechaud zusammen mit dem Topf in die Mitte des Eßtisches stellen.

8• Nun steckt jeder Tischgast nach Belieben Gemüsestücke auf eine Fonduegabel und wendet sie für kurze Zeit in der heißen Sauce. Achtung! Die Gabel ist sehr heiß und darf nicht direkt zum Mund geführt werden.

**TIPS**

• *Im Piemont serviert man in der Regel nur rote Paprikaschoten und Karden, eine Artischockenart, zu dieser Sauce. Im Winter gibt man der Bagna cauda geraffelte weiße Trüffel und etwas Rahm hinzu.*

• *Und hier noch ein Geheimtip: Bereiten Sie etwas mehr Bagna cauda zu, und braten Sie am nächsten Tag darin dünne Scheiben von Rinderfilet, am besten in kleinen Eierpfännchen, in denen Sie das Fleisch noch brutzelnd zu Tisch bringen können.*

4• Den Knoblauch gut abtropfen lassen, zum Mus geben und für weitere 15 bis 20 Minuten unter gelegentlichem Rühren garen. Die Sauce anschließend mit Salz abschmecken.

5• Nach der Hälfte der Kochzeit den Topf auf ein Rechaud stellen und die Sauce bei kleinster Hitze weitergaren.

**GETRÄNKETIP**

*roter Landwein,*
*z.B. Freisa d'Asti oder*
*Barbera d'Asti (1–3jährig);*
*leicht kühl servieren*

# CRESPELLE CON FONDUTA

## CRÊPES MIT KÄSESAUCE

*Stammt aus dem Aostatal*
*Arbeitsaufwand: ca. 50 Min.*
*Ruhezeit für die Käsesauce:*
*6–12 Std.*
*Ruhezeit des Teiges: ca. 30 Min.*

**Für 4 Personen**

*Für die Käsesauce (Fonduta):*
*200 g Fontina (ital. Schnittkäse)*
*100 ml Milch*
*2–3 EL Butter*
*2 frische Eigelbe*
*weißer Pfeffer aus der Mühle*

*Für die Crêpes:*
*80 g Mehl*
*1/4 l Milch*
*3 frische große Eier*
*3 EL gehackte Kräuter*
*(z.B. Kerbel, Petersilie,*
*Schnittlauch)*
*Salz*
*weißer Pfeffer aus der Mühle*
*3 EL Butterschmalz*

*Für die Füllung:*
*400 g Blattspinat*
*200 g Feldchampignons*
*1 EL Butterschmalz*
*200 g Sahne*

*• Die Fonduta kann man auch als pikante Füllung für Ravioli oder als Sauce zu Polenta oder Teigwaren verwenden.*

**1•** Den Käse in kleine Stücke schneiden und in einen Topf geben. Diese mit der Milch übergießen und für etwa 6 Stunden oder über Nacht kühl stellen.

**2•** Für die Crêpes das Mehl mit der Milch glattrühren. Die Eier verquirlen, zusammen mit den Kräutern hinzufügen und den Teig mit Salz und Pfeffer würzen. Ihn anschließend etwa 30 Minuten ruhen lassen.

**3•** Inzwischen den Spinat sorgfältig verlesen, gut waschen und kleinschneiden. Die Champignons vorsichtig abreiben und in dünne Scheiben schneiden. Beides in 1 Eßlöffel Butterschmalz dünsten.

**4•** Die Sahne in einen kleinen Topf geben und bis zur Hälfte einkochen lassen, damit sie sämig wird.

**5•** Nun die Champignons und den Spinat mit der Sahne mischen und mit Salz und Pfeffer abschmecken.

**6•** Aus dem Teig in dem Butterschmalz nacheinander 8 kleine Crêpes backen. Fertiggebackene Crêpes zugedeckt im Backofen warmhalten.

**7•** Die Spinat-Champignon-Masse portionsweise jeweils in die Mitte einer Crêpe geben und darauf verstreichen. Die gefüllten Crêpes zusammenrollen, in eine vorgewärmte Form legen und warmhalten.

**8•** Für die Fonduta den Topf mit dem Fontina und der Milch in ein warmes Wasserbad stellen und die Butter in kleinen Stücken dazugeben. Alles unter ständigem Rühren zu einer glatten Creme schmelzen lassen. Dann nach und nach die Eigelbe darunterrühren und die Sauce mit Pfeffer abschmecken.

**9•** Die Crêpes mit der Fonduta begießen und sofort servieren.

┌─ **G E T R Ä N K E T I P** ─┐

*trockener Rotwein,*
*z.B. Ruchè de*
*Castagnole Monferrato*
*(3–5jährig)*

## Variationen

• Die Fonduta, die typische Käsesauce aus dem Aostatal, läßt sich für Käsefondue verwenden. Dazu bereiten Sie die doppelte Menge des hier beschriebenen Rezeptes und geben die warme Sauce in vorgewärmte Teller. Reichen Sie dazu in Butter geröstete Brotwürfel.

• Sie können die Crêpes auch nur mit geriebenem Fontina bestreuen und kurz überbacken, bis der Käse schmilzt.

# TORTA SBRISULONA

## ITALIENISCHE MANDEL-MAIS-TORTE

*Stammt allgemein aus
Norditalien
Arbeitsaufwand: ca. 25 Min.
Backzeit: 35–40 Min.*

### Für eine Springform (26 cm ø)

*150 g gemahlene Mandeln
oder Haselnüsse
150 g feiner Maisgrieß
50 g Mehl
100 g Zucker
2 Prisen Salz
1 TL abgeriebene unbehandelte
Zitronenschale
1 TL Vanillezucker
200 g weiche Butter
(Zimmertemperatur)
1 frisches Eigelb
1 frisches Ei
2 EL Butter für die Form
1–2 EL Mehl für die Form
2–3 EL Puderzucker*

## TIPS

• *Die Torta sbrisulona läßt sich
einige Tage aufbewahren.*

• *Je nach Gegend variiert die Zu-
sammensetzung dieser Torte. In der
Lombardei wird beispielsweise kein
Maisgrieß, aber dafür mehr Mehl
verwendet.*

**1•** Die gemahlenen Mandeln oder Haselnüsse in einer Pfanne unter ständigem Wenden bei mittlerer Hitze hellgelb rösten.

**2•** Den Maisgrieß mit Mehl, Zucker, gerösteten Mandeln oder Haselnüssen, Salz, Zitronenschale und Vanillezucker in einer Teig-schüssel gut mischen.

**3•** In der Mitte der Schüssel eine Mulde bilden und die weiche Butter in Flöckchen hineingeben.

**4•** Alle Zutaten zwischen den Fin-gern zerreiben, bis gleichmäßige Krümel entstehen.

**5•** Das Eigelb und das ganze Ei miteinander verrühren, zur Masse geben und alles rasch zu einem Teig verarbeiten.

**6•** Den Backofen auf 180°C vor-heizen. Die Springform großzügig mit der Butter einfetten und leicht mit Mehl bestäuben. Das über-schüssige Mehl abschütteln.

**7•** Den Teig in die Form geben und mit der Hand gleichmäßig glatt-drücken. Die Torte auf der mittle-ren Schiene in 35 bis 40 Minuten hellbraun backen.

**8•** Die gebackene Torte vorsichtig auf ein Gitter stürzen und mit ei-nem Küchentuch abdecken.

**9•** Die Mandel-Mais-Torte nach dem Erkalten mit dem Puder-zucker bestäuben und mit einem scharfen Brotmesser in Stücke schneiden.

### GETRÄNKETIP

*süßer Dessertwein,
z.B. Vinsanto
(aus der Toskana)
oder Torcolato aus Venetien*

# LOMBARDEI

*Käse und Reis als Krönung
höchster Kochkunst*

# Lombardei

Die **Lombarden** essen gerne und gut. Das war schon im Jahre 1368 so, als ein Gast die lombardische Fürstenfamilie Visconti als *„magni commestore"* (große Fresser) bezeichnete. Ihm wurde auf der Hochzeit zwischen Violante Visconti und dem Herzog von Chiarrenza ein Menü mit 50 Gängen serviert. Und an der Liebe zum Essen hat sich auch bis heute nichts geändert.

**Lombardei**

# MINESTRONE ALLA MILANESE

## GEMÜSESUPPE NACH MAILÄNDER ART

Stammt aus der Lombardei
Arbeitsaufwand: ca. 1 Std.
Garzeit: ca. 1³/₄ Std.

**Für 4 Personen**

150 g dicke grüne Bohnen
(mit Hülsen)
300 g Erbsen (mit Hülsen)
1 mittelgroße Zwiebel
1 Stange Lauch
2 Stangen Staudensellerie
200 g Karotten
200–250 g Zucchini
200 g Kartoffeln
200 g Wirsing
100 g Blattmangold
(Schnittmangold)
50 g magere Pancetta (ital.
Bauchspeck) oder magerer Speck
2–3 EL Butter
ca. 200 g geschälte Tomaten
(aus der Dose)
Salz
2 l Wasser
200 g Rundkornreis
(z.B.Vialone)
1 Knoblauchzehe
1 EL gehackte Petersilie
1 EL gehacktes Basilikum
5 EL frischgeriebener Parmesan

1• Die Bohnen und die Erbsen enthülsen. Die Bohnen kurz überbrühen und die Häutchen abstreifen. Dann das restliche Gemüse putzen oder verlesen, waschen, eventuell schälen und dann zerkleinern.

2• Dabei die Zwiebel in kleine Würfel und den Lauch in dünne Scheiben schneiden. Den Sellerie, die Karotten, die Zucchini und die Kartoffeln in gleichgroße Stücke schneiden.

3• Den Wirsing und den Mangold entblättern und dann die Blätter in große Stücke zerteilen, die Mangoldstiele kleinschneiden.

4• Die Pancetta zunächst in dünne Scheiben schneiden und dann fein würfeln.

5• Die Butter in einem großen Kochtopf erhitzen und die Pancettawürfelchen darin andünsten. Nun die Zwiebel und den Lauch dazugeben und unter gelegentlichem Rühren mitdünsten.

6• Die Bohnen und die Erbsen sowie das restliche zerkleinerte Gemüse und die Tomaten in den Topf geben, alles salzen und für etwa 5 Minuten dünsten. Dabei das Ganze ab und zu umrühren.

7• Nun 2 l Wasser dazugießen, alles aufkochen und anschließend bei schwacher Hitze zugedeckt etwa 1 Stunde ziehen lassen.

8• Danach die Suppe aufkochen lassen, den Reis dazugeben und einmal kräftig umrühren. Sobald die Suppe wieder kocht, die Hitze reduzieren. Unter gelegentlichem Rühren den Reis in 15 bis 20 Minuten knapp gar kochen.

9• Den Knoblauch schälen, in kleine Würfel schneiden und zusammen mit den Kräutern auf die Minestrone streuen. Den Parmesan nach Belieben dazugeben.

### Variation

•Der Mangold läßt sich durch Spinat ersetzen. Je nach Jahreszeit können Sie auch einmal Spargelspitzen, Zucchini, Kürbis oder in 2 bis 3 Stücke zerteilte Zucchiniblüten mitkochen. In diesem Fall sollten Sie die Menge der übrigen Gemüsesorten reduzieren.

## GETRÄNKETIP

trockener Rotwein, z.B. Oltrepò Pavese rosso oder Franciacorta Rosso (3–5jährig)

*Stammt aus der Lombardei*
*Arbeitsaufwand: ca. 5 Min.*
*Garzeit: ca. 5 Min.*

**Für 4 Personen**

*800 ml Rindfleisch-*
*oder Hühnerbrühe*
*4 EL Butter*
*4 dünne Scheiben Weißbrot*
*4 EL frischgeriebener*
*Parmesan*
*4 sehr frische Eier*

# ZUPPA ALLA PAVESE

## FLEISCHBRÜHE NACH ART VON PAVIA

**1•** Die Fleischbrühe erhitzen. In der Zwischenzeit die Butter schmelzen und aufschäumen lassen. Die Brotscheiben hineinlegen und beide Seiten rösten, bis sie leicht gebräunt sind.

**2•** Die gerösteten Brotscheiben mit einer Gabel herausheben, in 4 Suppenteller geben und mit dem Parmesan bestreuen.

**3•** Je ein rohes Ei auf eine mit Käse bestreute Brotscheibe geben.

**4•** Die heiße Fleischbrühe vorsichtig darübergießen.

*TIPS*

*• Sie können zu dieser Suppe nach Belieben zusätzlich Parmesan servieren.*

*• Falls Sie die Eier mehr durchgekocht wünschen, pochieren Sie sie separat.*

## GETRÄNKETIP

*trockener Rosé, z.B. Bardolino Chiaretto (1–2jährig)*

# RISOTTO AL SALTO

## GESTÜRZTER RISOTTO

*Stammt allgemein aus Italien*
*Arbeitsaufwand: ca. 15 Min.*
*Garzeit: ca. 30 Min.*
*Zeit zum Abkühlen: ca. 1 Std.*

**Für 4 Personen**

*Für den Risotto (Grundrezept):*
*1 große Zwiebel*
*300 g Rundkornreis*
*(z.B. Carnaroli)*
*3 EL Butter*
*200 ml Weißwein*
*800 ml Fleischbrühe*
*Salz, Pfeffer aus der Mühle*

*Außerdem:*
*3 EL Olivenöl, 2 EL Butter*
*1 TL Oregano*
*100 g geriebener Parmesan*

**1•** Die Zwiebel schälen, in kleine Würfel schneiden und mit dem Reis in der Butter 2 bis 3 Minuten dünsten. Inzwischen die Fleischbrühe erhitzen.

**2•** Nun den Reis mit dem Wein ablöschen. Sobald dieser etwas eingekocht ist, die heiße Brühe nach und nach dazugießen. Der Reis sollte immer knapp mit Flüssigkeit bedeckt sein. Den Risotto 15 bis 20 Minuten bei milder Hitze im offenen Topf unter ständigem Rühren garen (so wird er besonders würzig und cremig), zum Schluß mit Salz und Pfeffer würzen.

**3•** Den Risotto zum Abkühlen für etwa 1 Stunde beiseite stellen.

**4•** Das Öl in einer großen, beschichteten Pfanne erhitzen und die Butter darin schmelzen lassen. Den kalten Risotto mit etwas Oregano mischen, in der Pfanne flachdrücken. Bei mittlerer Hitze goldgelb und knusprig braten. Ihn dann im Flug (al salto) oder weniger riskant, mit einem großen Teller als Deckel, wenden. Die andere Seite ebenfalls knusprig braten. Den Risotto zusammen mit dem Parmesan servieren.

### Variation

• Geben Sie 1 Döschen Safranpulver beim Garen an den Risotto, dann erhalten Sie den „Risotto alla milanese". Dieser wird nicht mehr in der Pfanne gebraten.

**Lombardei**

# RISOTTO CON IMPANATE DI SALMONE

## GORGONZOLARISOTTO MIT LACHS

*Stammt aus der Lombardei*
*Arbeitsaufwand: ca. 30 Min.*
*Garzeit: ca. 30 Min.*

### Für 4 Personen

*ca. 700 g Lachsfilet*
*Meersalz*
*Pfeffer aus der Mühle*
*2 EL Zitronensaft*
*4 EL Olivenöl*
*50 g Zwiebeln*
*1 Knoblauchzehe*
*250 g Rundkornreis*
*(z.B. Vialone oder Carnaroli)*
*2 Salbeiblätter*
*etwas Oregano*
*6 EL Weißwein*
*200 g Gorgonzola*
*500–600 ml Hühnerbrühe*
*2 EL Mehl*
*2 frische Eier*
*50 g Butter*

**1•** Aus dem Lachsfilet 12 kleine Schnitzel schneiden. Diese mit Meersalz und Pfeffer bestreuen, mit Zitronensaft und 1 Eßlöffel Olivenöl beträufeln.

**2•** Die Zwiebeln schälen und fein würfeln. Den Knoblauch ebenfalls schälen und zerdrücken. Beides in 1 Eßlöffel Olivenöl andünsten. Den Reis, die Salbeiblätter und wenig Oregano dazugeben.

**5•** Die Lachsschnitzel mit wenig Mehl bestäuben und in den aufgeschlagenen Eiern wenden.

**6•** Die restlichen 2 Eßlöffel Olivenöl in eine heiße Bratpfanne geben und die Schnitzel beidseitig kräftig anbraten.

**7•** Die restlichen Gorgonzolawürfel und die Butter unter den Risotto ziehen. Die gebratenen Lachsschnitzel auf dem Gorgonzolarisotto anrichten.

*TIP*
• *Sollten Sie den Gorgonzolageschmack nicht sehr lieben, können Sie den Gorgonzola durch etwa 150 g kleingewürfelten Fontina ersetzen oder 3 bis 4 Eßlöffel Mascarpone mit gehackten Kräutern unter den Reis heben.*

**3•** Den Reis glasig dünsten und mit dem Weißwein ablöschen. Den Gorgonzola in Würfel schneiden. Davon etwa zwei Drittel zum Reis geben und vorsichtig verrühren.

**4•** Den Risotto nun bei milder Hitze im offenen Topf etwa 16 Minuten garen. Dabei die Brühe nach und nach dazugießen. Der Reis muß fast alle Flüssigkeit aufgesaugt haben und „al dente" gekocht sein.

**GETRÄNKETIP**

*trockener Weißwein, z.B. Franciacorta Bianco oder Chardonnay (2–3jährig)*

Lombardei

# MALFATTI AL POMODORO

## SPINAT-KÄSE-GNOCCHI MIT TOMATEN

*Stammt aus der Lombardei
Arbeitsaufwand: ca. 1 Std.
Garzeit: ca. 30 Min.*

**Für 4 Personen**

*Für die Gnocchi:
700 g Blattspinat
Salz
150 g Ricotta (ital. Frischkäse)
oder Speisequark
3 frische Eigelbe
60 g Mehl
Pfeffer aus der Mühle
3 EL Butter*

*Für die Tomaten:
8 mittelgroße Tomaten
¹/₂ kleine Zwiebel
2 EL Butter
Salz, Pfeffer aus der Mühle
60 g Parmesan*

1• Den Spinat sorgfältig waschen und verlesen. Ihn in kochendem Salzwasser kurz blanchieren und sofort mit kaltem Wasser abschrecken. Den Spinat in einem Sieb abtropfen lassen, gut ausdrücken und dann fein hacken.

2• Den Ricotta durch ein feinmaschiges Sieb streichen. Die Eigelbe dazugeben. Etwa 4 Eßlöffel Mehl darauf sieben und die Mischung glattrühren.

3• Den Spinat daruntermischen und alles mit Salz, Pfeffer und Muskat abschmecken. In einem großen Topf reichlich Salzwasser zum Kochen bringen.

4• Aus der Spinatmasse mit Hilfe von 2 Eßlöffeln kleine Portionen abstechen und mit befeuchteten Händen zu ovalen Klößchen formen. Diese nun in das siedende Salzwasser geben und die Hitze reduzieren. Die Gnocchi etwa 10 Minuten ziehen lassen, bis sie

aufschwimmen. Sie danach mit Hilfe eines Schaumlöffels aus dem Wasser heben und auf einem Küchentuch aus Stoff abtropfen lassen.

5• Die Tomaten waschen, vierteln oder sechsteln und entkernen. Die Zwiebel schälen und fein würfeln. Sie dann in der Butter glasig dünsten. Anschließend die Tomaten dazugeben. Alles salzen, pfeffern und langsam bei schwacher Hitze erwärmen. Den Grill des Backofens einschalten.

6• Den Parmesan in feine Streifen hobeln. Die Gnocchi in eine große Gratinform geben und mit dem Käse bestreuen. Die Butter in Flöckchen auf den Käse geben und die Gnocchi unter dem Grill etwa 2 Minuten gratinieren.

7• Die Gnocchi in der Gratinform servieren und die Tomaten dazu reichen.

### GETRÄNKETIP

*roter Landwein, z.B. Sangiovese di Romagna (2–3jährig)*

*Stammt aus der Lombardei*
*Arbeitsaufwand: ca. 30 Min.*
*Garzeit: ca. 15 Min.*

**Für 4 Personen**

*250 g frische Steinpilze*
*3 mittelgroße, geschälte*
*Tomaten (aus der Dose)*
*8 frische Eier*
*8 EL Sahne oder Milch*
*Salz, Pfeffer aus der Mühle*
*2 EL gehackte Petersilie*
*1 Knoblauchzehe*
*1 1/2 EL Butterschmalz*
*1 1/2 EL Butter*

## UOVA STRAPAZZATE CON FUNGHI PORCINI

### RÜHREI MIT STEINPILZEN UND TOMATEN

1• Die Steinpilze putzen und in feine Streifen schneiden.

2• Die Tomaten entkernen, ausdrücken und sechsteln. Die Eier mit der Sahne oder der Milch glattrühren. Sie mit Salz und Pfeffer würzen und die Petersilie untermischen.

3• Die Knoblauchzehe schälen und durch die Knoblauchpresse drücken. Die Steinpilze im Butterschmalz rasch anbraten. Die

Tomaten und den Knoblauch dazugeben. Dann alles salzen, pfeffern und warm halten.

4• Die Butter in einer beschichteten Bratpfanne erhitzen. Die Eier hineingeben und mit einem Holzlöffel rühren, bis sie stocken.

5• Das Rührei mit den Pilzen und den Tomaten mischen und sofort servieren.

**GETRÄNKETIP**

*trockener Weißwein,*
*z.B. Franciacorta Bianco*
*(1–3jährig)*

# FILETTI DI PESCE PERSICO ALLA MILANESE

## BARSCHFILETS NACH MAILÄNDER ART

**1•** Die Barschfilets abspülen und mit Küchenpapier beidseitig trockentupfen.

**2•** Die Filets auf einer großen Platte oder auf einem Küchenbrett auslegen. Das Mehl durch ein Kaffeesieb auf die Filets stäuben.

**3•** Die Eier verquirlen und mit Salz und Pfeffer würzen. Das überschüssige Mehl von den Fischfilets abschütteln und sie dann durch die Eier ziehen.

**4•** Die Filets im Paniermehl wenden und die Panade fest andrücken. Die Butter aufschäumen lassen und die Filets darin beidseitig goldgelb braten. Darauf achten, daß die Butter nicht zu heiß und somit zu dunkel wird.

**5•** Die Zitronen heiß abwaschen, abtrocknen und vierteln. Die Fischfilets auf eine Platte geben und mit den Zitronenvierteln und der gewaschenen Petersilie garnieren.

*Stammt aus der Lombardei*
*Arbeitsaufwand: ca. 15 Min.*
*Bratzeit: ca. 5 Min.*

**Für 4 Personen**

*20 kleine oder 8 mittelgroße*
*Barschfilets ohne Haut*
*4 EL Mehl*
*2 große frische Eier*
*Salz, Pfeffer aus der Mühle*
*100 g Paniermehl*
*100 g Butter*
*2 Zitronen*
*etwas glatte Petersilie*

## GETRÄNKETIP

*trockener Weißwein,*
*z.B. Franciatorta Bianco*
*(2–3jährig)*

**Lombardei**

# LESSO DI MANZO CON SALSA VERDE

## GEKOCHTES RINDFLEISCH MIT GRÜNER SAUCE

Stammt aus der Lombardei
Arbeitszeit: ca. 35 Min.
Garzeit: 2–2 ¹/₂ Std.

**Für 4 Personen**

*Für das Rindfleisch:*
*1 kg Rindfleisch zum Kochen*
*(Bug oder Hohe Rippe)*
*2¹/₂ l Wasser*
*¹/₂ Zwiebel*
*1 Lorbeerblatt*
*1 Gewürznelke*
*5 Pfefferkörner*
*Salz*
*2 Karotten*
*1 Stange Staudensellerie*

*Für die grüne Sauce*
*(Salsa verde):*
*1 Stange Staudensellerie*
*mit Kraut*
*1 EL Kapern*
*4 Sardellenfilets (aus dem Glas)*
*2 Essiggürkchen (Cornichons)*
*¹/₂ Zwiebel*
*1 Knoblauchzehe*
*2 EL Weißweinessig*
*Salz*
*5–6 EL kaltgepreßtes Olivenöl*
*3 EL gehackte Petersilie*
*Pfeffer aus der Mühle*

1• Das Wasser in einem hohen Topf aufkochen.

2• Die Zwiebelhälfte schälen und mit dem Lorbeerblatt und der Nelke spicken. Die Pfefferkörner mit einem großen Messer zerdrücken. Diese Zutaten zusammen mit dem Fleisch in das kochende Wasser geben.

3• Das Fleisch für etwa 2 Stunden bei schwacher Hitze im geschlossenen Topf kochen. Es dabei nach 1 Stunde Garzeit salzen.

4• Die Karotten putzen, schälen und längs halbieren. Den Sellerie putzen und in 2 bis 3 Stücke schneiden. Beides ¹/₂ Stunde vor Ende der Kochzeit zur Brühe geben.

5• Für die Sauce den Sellerie putzen, schälen, sehr fein schneiden oder mit einem großen Messer oder dem Wiegemesser fein hacken. Die Kapern, die Sardellen und die Essiggurken ebenfalls fein hacken.

6• Die Zwiebelhälfte schälen und fein würfeln. Die Knoblauchzehe schälen und durch die Knoblauchpresse drücken. Den Essig zusammen mit etwas Salz gut verrühren. Das Öl langsam dazurühren. Die Zwiebelwürfel, den Knoblauch sowie die Petersilie dazugeben und alles gut mischen. Die Sauce abschließend mit Salz und Pfeffer abschmecken.

7• Das Fleisch am Tisch aufschneiden und die Sauce dazu servieren.

**GETRÄNKE TIP**

*trockener Rotwein,*
*z.B. Oltrepò Pavese Pinot Nero*
*(3–8jährig)*
*oder Nebbiolo Langhe*

• *Ganz festlich wird das Gericht, wenn Sie bei einer Tischrunde von 8 oder mehr Personen andere Fleischsorten, wie Kalbfleisch, Kalbskopf, Kalbszunge, Huhn, gefüllten Schweinsfuß (Zampone) und Schweinskochwurst (Cotechino) mitkochen. Dieses Gericht wird dann zu einem „Bollito misto", wie man es im Piemont zubereitet.*

**Für 4 Personen**

*300 g getrocknete Linsen*
*100 g Pancetta (ital. Bauch-*
*speck) oder magerer Speck*
*1 Stange Staudensellerie*
*1 Karotte*
*1 Zwiebel*
*1 Knoblauchzehe*
*4 gehackte Salbeiblätter*
*2 EL Butter*
*Salz, Pfeffer aus der Mühle*

*TIP*

*• Die Kochzeit der Linsen kann je nach Qualität und Art sehr unterschiedlich sein. Entscheidend ist auch, wie alt sie sind.*

# LENTICCHIE IN UMIDO

## GESCHMORTE LINSEN MIT SALBEI

**1•** Die Linsen am Vorabend in eine Schüssel geben und großzügig mit Wasser bedecken.

**2•** Die Linsen am nächsten Tag abgießen und kalt abspülen. Die Pancetta fein würfeln. Die Selleriestange waschen, putzen und in sehr feine Scheiben schneiden. Die Karotte putzen, schälen und fein würfeln oder raffeln.

**3•** Die Zwiebel und den Knoblauch schälen. Die Zwiebel in kleine Würfel schneiden und die Knoblauchzehe durch die Presse drücken. Das Gemüse zusammen mit den Pancettawürfelchen, den Zwiebeln, dem Knoblauch und dem Salbei in der Butter andünsten. Die Linsen dazugeben und alles knapp mit Wasser bedecken. Das Gemüse zusammen mit den Linsen etwa 45 Minuten bei schwacher Hitze zugedeckt garen.

**4•** Nach dieser Zeit prüfen, ob die Linsen weich sind. Wenn nötig, die Kochzeit noch etwas verlängern. Die Linsen vor dem Servieren mit Salz und Pfeffer abschmecken.

# ASPARAGI ALLA MILANESE

*Stammt aus der Lombardei*
*Arbeitsaufwand: ca. 30 Min.*
*Garzeit: 20–25 Min.*

**Für 4 Personen**

*2 kg Spargel*
*Salz*
*100 g Butter*
*4 frische Eier*
*50 g frisch geriebener*
*Parmesan*

**SPARGEL NACH MAILÄNDER ART**

1• Die Spargelstangen großzügig schälen und um etwa 3 cm am unteren Ende kürzen. Sie dann mit Küchenschnur zu zwei Bündeln schnüren und mit den Spitzen nach oben in kochendes Salzwasser stellen. Am besten eignet sich dazu ein spezieller Spargeltopf oder ein hoher, schmaler Topf.

2• Den Spargel je nach Qualität 15 bis 20 Minuten kochen, bis er bißfest ist. Den Spargel vorsichtig aus dem Kochwasser heben, ab-

tropfen lassen und kurz auf einem Küchentuch ausdampfen lassen. Ihn dann auf 4 vorgewärmte Teller verteilen.

3• Etwa die Hälfte der Butter in einer großen Pfanne erhitzen, bis sie hellgelb wird. Die Eier aufschlagen und zu Spiegeleiern braten. In der Zwischenzeit die restliche Butter schmelzen lassen.

4• Den Spargel mit dem Parmesan bestreuen, die Eier darauf setzen. Alles mit der Butter begießen.

*TIP*

• *Damit das Eigelb nicht zu fest wird, deckt man es während des Backens in Italien oft mit dem noch flüssigen Eiweiß zu und nennt es dann „uovo in camicia" (Ei im Hemd).*

**Lombardei**

# TORTA ALLO ZABAIONE

## WEINSCHAUMTORTE

*Stammt aus der Lombardei*
*Arbeitsaufwand: ca. 1 Std.*
*Backzeit des Biskuitbodens:*
*25–30 Min.*
*Kühlzeit: 3–4 Std.*

**Für eine Springform**
**(24 cm ø)**

*Für den Biskuitboden:*
*3 frische Eigelbe*
*90 g Zucker*
*60 g Mehl*
*5 EL Speisestärke*
*3 frische Eiweiße*

*Für die Weinschaumcreme:*
*4–5 Blatt weiße Gelatine*
*6 frische Eigelbe*
*160 g Zucker*
*Saft von 1 Zitrone*
*1/4 l Marsala (ital. Dessertwein)*
*250 g Sahne*

*Außerdem:*
*Butter für die Form*
*3 blaue Weintrauben*
*50 g Mandelblättchen*
*250 g Sahne*

• *Der Geschmack der Mandelblättchen wird intensiver, wenn Sie sie in einer trockenen Bratpfanne oder im Ofen leicht rösten.*

1• Für den Biskuitboden die Eigelbe zusammen mit der Hälfte des Zuckers cremig rühren.

2• Das Mehl und die Speisestärke auf ein Backpapier sieben und die Hälfte davon vorsichtig unter die Eigelb-Zucker-Creme mischen.

3• Die Eiweiße unter Zugabe des restlichen Zuckers steifschlagen.

4• Ein Drittel des Eischnees unter die Masse heben, danach das restliche Mehl und dann auch den restlichen Eischnee daruntermischen.

5• Den Backofen auf 180°C vorheizen. Den Boden der Springform mit der Butter einfetten, die Masse hineingeben und glattstreichen.

6• Den Teig im Ofen auf der mittleren Schiene 25 bis 30 Minuten backen.

7• Danach den Biskuitteig aus dem Ofen nehmen und etwa 10 Minuten in der Form ruhen lassen. Ihn vor der weiteren Verarbeitung ohne Ring ganz auskühlen lassen.

8• Für die Weinschaumcreme die Gelatine nach der Packungsbeschreibung in kaltem Wasser einweichen. Die Eigelbe zusammen mit Zucker, Zitronensaft und Marsala in einem warmen Wasserbad zu einer sämigen und schaumigen Creme aufschlagen. Die Weinschaumcreme aus dem Wasserbad nehmen.

9• Die Gelatine ausdrücken und in der warmen Creme auflösen. Diese unter ständigem Rühren erkalten lassen.

10• Die Sahne steifschlagen und unter die stockende Creme ziehen.

11• Den Biskuitboden quer in 3 dünne Böden schneiden. Einen Boden in die geschlossene Springform legen und ein Drittel der Creme darauf streichen. Den zweiten Boden darauf legen, andrücken und mit dem zweiten Drittel der Creme bestreichen. Die Torte mit dem dritten Boden abdecken und diesen mit der restlichen Creme bestreichen. Die Torte zum Festwerden für etwa 3 bis 4 Stunden in den Kühlschrank stellen.

12• Die Weintrauben waschen, vierteln und entkernen. Die Sahne steifschlagen. Die Springform öffnen, den Rand der Torte mit der Sahne bestreichen und die Mandelblättchen darauf leicht andrücken. Die restliche Sahne in einen Spritzbeutel geben, 12 Sahnerosetten auf die Torte spritzen und die Traubenviertel darauf dekorativ anrichten.

**GETRÄNKETIP**

*süßer Schaumwein,*
*z.B. Oltrepò Pavese Moscato*
*oder Spumante aus der*
*Lombardei*

# SÜDTIROL, VENETIEN UND FRIAUL-JULISCH VENETIEN

**W**eites Meer und schroffes Gebirge, quirlige Städte und unberührte Landschaften, vollendete Kunst und einfaches Handwerk, rustikale und raffinierte Tendenzen in der Küche – das sind die unübersehbaren Kontraste, die diese Regionen im Nordosten Italiens auszeichnen. Und gerade diese Gegensätze machen den eigenwilligen Reiz der Gegend aus und ziehen Jahr für Jahr viele Besucher in ihren Bann.

# Unmaskierte Vielfalt aus Küche und Keller

**Stammt aus Südtirol
(Alto Adige)
Arbeitsaufwand: ca. 30 Min.
Garzeit: ca. 40 Min.**

**Für 4 Personen**

*¹/₂ Zwiebel
50 g Speck
2 EL Butter
800 ml Fleischbrühe
250 g Sauerkraut
Salz, Pfeffer aus der Mühle
1 mittelgroße Kartoffel
150 g Weißbrot
100 g saure Sahne
2 EL Schnittlauchröllchen*

• *Raffinierte Köche geben dieser
Suppe ein Glas trockenen Wermut
hinzu.*

# ZUPPA DI CRAUTI

## SAUERKRAUTSUPPE

**1•** Die Zwiebel schälen und ebenso wie den Speck in kleine Würfel schneiden. Beides in 1 Eßlöffel Butter andünsten. Die Fleischbrühe und das Sauerkraut hinzufügen und alles bei schwacher Hitze etwa 30 Minuten ziehen lassen. Danach die Suppe mit Salz und Pfeffer abschmecken.

**2•** Die Kartoffel schälen, waschen und mit Hilfe einer Küchenreibe in die Suppe reiben. Die Suppe gut durchrühren und nochmals aufkochen. Das Weißbrot in kleine Würfel schneiden und in dem restlichen Eßlöffel Butter goldbraun rösten.

**3•** Die saure Sahne mit etwas Suppenbrühe glattrühren und dann zur Suppe geben. Alles kurz erwärmen, aber nicht mehr kochen. Die Suppe in Teller geben und mit den Brotwürfeln und dem Schnittlauch bestreuen.

# POLENTA CON CARNE E SALSICCIA

## POLENTARING MIT FLEISCH UND WURST

1• Aus der Brühe und dem Maisgrieß nach dem Grundrezept (S. 16) eine Polenta zubereiten.

2• Nach der Quellzeit die Polenta in 4 kleine Ringförmchen oder in eine große Ringform (Savarinform) geben und erkalten lassen. Die Butter erhitzen und das Hackfleisch darin anbraten.

3• Das Brät aus den Würsten und das Tomatenmark zum Hackfleisch geben. Alles miteinander mischen und mit Salz und Pfeffer würzen. Mit dem Wein ablöschen.

4• Fleisch und Wurstbrät bei schwacher Hitze etwa 1 Stunde zugedeckt schmoren lassen. Wenn nötig, ab und zu 1 Eßlöffel Wasser hinzufügen. Zuletzt die gehackte Petersilie daruntermischen.

5• Den Backofen auf 150°C vorheizen. Etwa 30 Minuten vor Ende der Kochzeit des Fleisches die Polenta aus der Form auf eine Platte stürzen, mit der Butter bestreichen und im Backofen erwärmen. Zum Servieren das Fleisch in der Mitte der Polentaringe anrichten.

*Stammt aus dem Friaul*
*Arbeitsaufwand: ca. 30 Min.*
*Garzeit: ca. 1 1/2 Std.*

**Für 4 Personen**

*Für die Polenta:*
*1 l Fleischbrühe*
*250 g feiner Maisgrieß*

*Für die Füllung:*
*3 EL Butter*
*200 g Schweinehackfleisch*
*2 rohe Bauernbratwürste*
*1 EL Tomatenmark*
*Salz, Pfeffer aus der Mühle*
*6 EL Rotwein*
*2 EL gehackte Petersilie*

### GETRÄNKETIP

*roter Landwein*
*(vorzugsweise aus dem Collio),*
*z.B. einfacher Merlot,*
*Cabernet franc*

## Südtirol, Venetien und Friaul-Julisch Venetien

*Stammt aus Venetien*
*Arbeitsaufwand: ca. 40 Min.*
*Garzeit: ca. 20 Min.*

**Für 4 Personen**

*Für die Gnocchi:*
*1,5 kg Speisekürbis*
*Salz, Pfeffer aus der Mühle*
*1 frisches Ei*
*2 frische Eigelbe*
*4–10 EL Mehl*

*Für das Pilzragout:*
*1 kg frische Waldpilze*
*(z.B. Steinpilze, Wald-*
*champignons, Pfifferlinge)*
*4 EL Olivenöl*
*Salz, Pfeffer aus der Mühle*
*50 g Butter*

# GNOCCHI DI ZUCCA AI FUNGHI

## KÜRBISGNOCCHI AUF WALDPILZRAGOUT

**1•** Den Kürbis schälen, von dem weichen Faserteil und den Kernen befreien und das feste Fruchtfleisch in Würfel schneiden. Die Kürbiswürfel unter Rühren bei schwacher Hitze in einem Topf ohne Fett- oder Wasserzugabe zugedeckt dünsten, bis sie weich sind. Dann offen weiterdünsten, bis der Kürbissaft ausgetreten und eingekocht ist. Das Kürbisfleisch soll so trocken wie möglich sein. Nun die Kürbiswürfel etwas abkühlen lassen, salzen und pfeffern.

**2•** Die abgekühlten Kürbiswürfel in den Mixer geben und zusammen mit dem Ei und den Eigelben zu einer glatten Masse pürieren. Soviel Mehl einarbeiten, bis ein formbarer Teig entsteht. Den Teig mit Salz und Pfeffer kräftig nachwürzen.

**3•** In einem großen Kochtopf reichlich Salzwasser zum Kochen bringen. Aus dem Teig mit Hilfe von 2 Teelöffeln Nocken abstechen und diese sofort vorsichtig in das siedende Salzwasser geben. Die Hitze reduzieren und die Nocken ungefähr 5 Minuten ziehen lassen, bis sie aufschwimmen. Sie dann in einem Sieb abtropfen lassen und bis zum Servieren zugedeckt warm stellen.

**4•** Unterdessen die Pilze kurz waschen, putzen und, wenn nötig, etwas zerkleinern. Sie in Olivenöl andünsten, mit Salz und Pfeffer würzen und auf Teller geben.

**5•** Die Gnocchi auf dem Pilzragout anrichten. Die Butter erhitzen und über die Kürbisgnocchi träufeln.

### Variation

• Diese Gnocchi schmecken auch sehr gut, wenn Sie sie einfach nur mit geschmolzener Butter und aromatischen Kräutern, wie Oregano und Rosmarin, begießen.

### GETRÄNKETIP

trockener Rotwein, z.B. Bardolino classico (2–4jährig)

**Südtirol, Venetien
und Friaul-Julisch Venetien**

# RISOTTO AI FRUTTI DI MARE

## RISOTTO MIT MEERESFRÜCHTEN

*Stammt aus Venetien
Arbeitsaufwand: ca. 40 Min.
Garzeit: ca. 30 Min.*

**Für 4 Personen**

*20 Venusmuscheln (Vongole)
20 Miesmuscheln
3 EL Olivenöl
200 ml Weißwein
4 Scampischwänze mit Schalen
60 g Staudensellerie
60 g Karotten
60 g Lauch
240 g Rundkornreis (z.B. Vialone
oder Carnaroli)
400 ml Geflügelbrühe
Salz, Pfeffer aus der Mühle
etwas glatte Petersilie*

**1•** Die Venusmuscheln und die Miesmuscheln gründlich waschen und die eventuell noch vorhandenen Bärte herausziehen. Bereits geöffnete Muscheln wegwerfen, denn sie sind verdorben.

**2•** 1 Eßlöffel Öl erhitzen und die Muscheln darin kurz dünsten. Sie mit dem Weißwein ablöschen, aufkochen lassen und die Scampischwänze dazugeben. Zugedeckt beiseite stellen.

**3•** Den Sellerie, die Karotten und den Lauch putzen und waschen. Die Karotten schälen und ebenso wie den Sellerie sehr klein würfeln. Den Lauch in feine Streifen schneiden.

**4•** Für den Risotto die restlichen 2 Eßlöffel Olivenöl erhitzen und den Reis glasig dünsten. Dann das Gemüse dazugeben und bißfest dünsten.

**5•** Die Muscheln in einem Sieb abtropfen lassen und den Muschelfond auffangen. Den Reis damit ablöschen, etwas einkochen lassen und mit der Geflügelbrühe auffüllen. Ihn dann in 15 bis 18 Minuten knapp gar kochen.

**6•** Von den Venusmuscheln 4 leicht geöffnete beiseite legen. Das Muschelfleisch der übrigen Venus- und Miesmuscheln aus den Schalen nehmen, dabei geschlossene Muscheln wegwerfen. Von den Scampi die Schalen entfernen und 4 Stück zum Garnieren zurücklegen. Die restlichen Meeresfrüchte noch einmal im Risotto erwärmen und mit Salz und Pfeffer abschmecken.

**7•** Den Risotto in Suppenteller geben und mit 1 Venusmuschel, 1 Scampischwanz und etwas Petersilie garnieren.

• *Die Venusmuscheln sollten Sie vor dem Kochen etwa 1 Stunde wässern, damit vorhandener Sand ausgewaschen wird.*

**GETRÄNKETIP**

*trockener Weißwein,
z.B. Breganze bianco oder
Chardonnay del Veneto
(2–3jährig)*

*Südtirol, Venetien, Friaul-JulischVenetien*

*Stammt aus Venetien
Arbeitsaufwand: ca. 30 Min.
Garzeit: ca. 15 Min.*

**Für 4 Personen**

*20 mittelgroße Scampischwänze
mit Schalen
1–2 EL Mehl
Öl oder Fritierfett zum
Ausbacken
2 frische Eier
Salz, Pfeffer aus der Mühle
2 Zitronen
etwas glatte Petersilie*

## GETRÄNKETIP

*trockener Weißwein,
z.B. Breganze bianco
(3–5jährig)*

# SCAMPI FRITTI

## AUSGEBACKENE SCAMPI

**1•** Die Scampi von den Köpfen und Schalen befreien und mit wenig Mehl bestäuben. Das Öl oder das Fritierfett in der Friteuse oder einem großen Topf erhitzen.

**2•** Die Eier verquirlen und mit Salz und Pfeffer würzen. Die Zitronen gründlich waschen, abtrocknen und halbieren.

**3•** Die Scampi durch die Eier ziehen, etwas abtropfen lassen und dann portionsweise in das auf etwa 180°C erhitzte Öl tauchen. Die Scampi 2 bis 3 Minuten ausbacken, bis sie goldgelb werden.

**4•** Die fritierten Scampi auf Küchenpapier abtropfen lassen und sofort zusammen mit den Zitronenhälften und der Petersilie auf einer Platte anrichten. Am Tisch den Zitronensaft über die Scampi auspressen.

### Variation

• Man kann die Scampi auch in einem Backteig ausbacken. Probieren Sie doch auch einmal diese knusprige Variante. Dazu werden die vorbereiteten Scampi in einen Backteig (S. 90) getaucht und im heißen Fett ausgebacken.

# FEGATO ALLA VENEZIANA

## KALBSLEBER NACH VENEZIANISCHER ART

Stammt aus Venetien
Arbeitsaufwand: ca. 15 Min.
Garzeit: ca. 10 Min.

**Für 4 Personen**

2 große Zwiebeln
4 EL Olivenöl
600 g Kalbsleber am Stück
4–6 Salbeiblätter
Salz, Pfeffer aus der Mühle

1• Die Zwiebeln schälen, halbieren und in sehr feine Streifen schneiden. Diese in 2 Eßlöffeln erhitztem Olivenöl goldgelb dünsten.

2• Die Leber waschen, trockentupfen, längs halbieren und in dünne Scheiben schneiden. Diese in einer zweiten Pfanne in den restlichen 2 Eßlöffeln Olivenöl mit den gewaschenen Salbeiblättern rasch anbraten, bis die Leber nicht mehr rot ist. Die Leberscheiben erst jetzt salzen und pfeffern.

3• Die Leber zusammen mit den Zwiebeln anrichten und sofort servieren.

### Variation

• Zur Abwechslung kann man den Bratensaft der Leber mit ein wenig trockenem Marsala ablöschen.

### GETRÄNKETIP

leichter Landwein, (2–3jährig) z. B. Bardolino classico

•Dazu wird in Venetien Polenta (Grundrezept S. 16) serviert.

**Südtirol, Venetien und Friaul-Julisch Venetien**

*Stammt aus Venetien*
*Arbeitsaufwand: ca. 25 Min.*
*Garzeit: ca. 55 Min.*

**Für 4 Personen**

*Für das Perlhuhn:*
*1 junges Perlhuhn (ca. 1 kg),*
*küchenfertig eingekauft*
*Salz, Pfeffer aus der Mühle*
*1 Zweig Rosmarin*
*1 Stück Zitronenschale*
*(ohne weiße Haut)*
*2 EL Olivenöl*
*2 EL Butter*

*Für die Geflügellebersauce:*
*3 frische Hühnerlebern*
*1 kleiner Peperoncino*
*(scharfe rote Pfefferschote)*
*2 Knoblauchzehen*
*4 Sardellenfilets (aus dem Glas)*
*1 EL Kapern*
*1 EL gehackte Petersilie*
*3 EL Butter*
*2–3 EL geriebenes altbackenes*
*Weißbrot*
*2 EL geriebener Parmesan*
*4 EL Olivenöl*
*2 EL Zitronensaft oder Weinessig*
*Salz, Pfeffer aus der Mühle*
*Muskat*

# FARAONA ARROSTO ALLA TREVISANA

## GEBRATENES PERLHUHN MIT GEFLÜGELLEBERSAUCE

**1•** Das Perlhuhn innen und außen salzen, den gewaschenen Rosmarinzweig und die Zitronenschale in die Bauchhöhle stecken. Den Backofen auf 220°C vorheizen.

**2•** Das gefüllte Perlhuhn nun in Olivenöl und in der Butter allseitig anbraten, in eine feuerfeste Form legen und im Ofen etwa 40 Minuten braten. Dabei das Fleisch öfter mit dem austretenden Bratensaft begießen und nach der Hälfte der Garzeit wenden.

**3•** Inzwischen die Hühnerlebern sorgfältig putzen, waschen und in kleine Stücke schneiden. Den Peperoncino waschen, aufschneiden und entkernen. Die Knoblauchzehen schälen und beides ebenso wie die Sardellenfilets und die Kapern in kleine Würfel schneiden.

**4•** Die Leberstücke mit Peperoncino, Sardellen, Knoblauch, Kapern und Petersilie mischen. Diese Mischung in einer Pfanne in der Butter anbraten, mit dem geriebenen Brot bestreuen und leicht Farbe nehmen lassen.

**5•** Den Käse dazugeben und die Pfanne vom Herd nehmen. Nun das Olivenöl dazurühren und abschließend die Sauce mit dem Zitronensaft oder dem Essig sowie mit Salz, Pfeffer und Muskat abschmecken.

**6•** Das gebratene Perlhuhn aus dem Ofen nehmen, auf einer länglichen Platte anrichten, in 4 Stücke schneiden und zusammen mit der Geflügellebersauce servieren.

**GETRÄNKETIP**

*trockener Rotwein, z.B. Venegazzù della Casa (3–5jährig)*

**Südtirol, Venetien
und Friaul-Julisch Venetien**

# ZUCCA GIALLA
# IN MARINATA

## MARINIERTER GELBER KÜRBIS

*Stammt aus Venetien
Arbeitsaufwand: ca. 25 Min.
Garzeit: ca. 10 Min.
Marinierzeit: 3–4 Std.*

**Für 6 Personen**

*1 kg Speisekürbis mit gelbem
Fruchtfleisch
2–3 EL Mehl
Öl oder Fritierfett zum
Ausbacken
3 EL feingehacktes Basilikum
1 Knoblauchzehe
3 EL Weißweinessig
Salz, Pfeffer aus der Mühle*

**1•** Den Kürbis schälen, von dem weichen Faserteil und den Kernen befreien. Das feste Kürbisfleisch in etwa 3 cm breite Spalten zerteilen und diese in dünne Scheiben schneiden.

**2•** Das Öl oder das Fritierfett in einem großen Topf oder in der Friteuse erhitzen. In der Zwischenzeit die Kürbisscheiben im Mehl wenden, überschüssiges Mehl abschütteln und die Scheiben dann im heißen Öl fritieren, bis sie leicht Farbe annehmen.

**3•** Die fritierten Scheiben aus dem Fett nehmen und auf Küchenpapier abtropfen lassen.

**4•** Danach die Kürbisscheiben und das Basilikum schichtweise in ein flaches Gefäß geben.

**5•** Die Knoblauchzehe schälen und fein würfeln. Nun den Essig zusammen mit dem Knoblauch, wenig Salz und viel Pfeffer aufkochen.

**6•** Diese Marinade über die Kürbisscheiben gießen. Alles mit Folie abdecken und 3 bis 4 Stunden durchziehen lassen.

### TIPS

• *Dieses kalte Gemüsegericht eignet sich als Beilage zu gekochtem Fleisch, z.B. Rindfleisch oder Geflügel, oder als Vorspeise.*

• *Auf die gleiche Art können Sie auch Zucchini einlegen. Diese Variante ist in Rom weit verbreitet.*

### GETRÄNKETIP

*leichter Weißwein,
z.B. Prosecco di Conegliano
oder Bianco di
Custoza
(1–2 jährig)*

*Stammt aus dem Friaul*
*Arbeitsaufwand: ca. 20 Min.*
*Backzeit: 8–10 Min.*

**Für 4 Personen**

*Für die Mascarponecreme:*
*250 g Mascarpone*
*(ital. Frischkäse)*
*2 frische Eigelbe*
*Saft von 1 Zitrone*
*50 g Zucker*
*2 EL Honig*
*3 EL Milch*
*3 EL Sahne*

*Außerdem:*
*500 g gemischte frische Früchte*
*(z.B. Äpfel, Birnen, Trauben)*
*evtl. etwas Kirschlikör*

**GETRÄNKETIP**

*lieblicher Dessertwein,*
*z.B. Moscato Rosa*
*(1–2jährig)*

# FRUTTA AL MASCARPONE

## FRÜCHTEGRATIN MIT MASCARPONE

**1•** Alle Zutaten für die Creme in eine Schüssel geben und glattrühren. Den Backofen auf 200°C Oberhitze vorheizen.

**2•** Die Früchte waschen, evtl. schälen, entkernen und in mundgerechte Stücke schneiden.

**3•** Die Fruchtstücke in eine Gratinform geben und nach Belieben mit Likör beträufeln.

**4•** Die Mascarponecreme auf die Früchte geben. Das Ganze im Backofen bei Oberhitze 8 bis 10 Minuten gratinieren.

**5•** Das Gratin in der Form sofort servieren.

### Variation

• Sie können für dieses Gratin beliebige Früchte mischen. Probieren Sie doch einmal ein Beerenfrüchtegratin mit Erdbeeren, Himbeeren und Johannisbeeren.

# FRITTELLE DI MELE

## APFELKÜCHLEIN

**1•** Die Butter zusammen mit der Milch erwärmen und in eine Teigschüssel geben. Das Mehl mit dem Backpulver mischen und unter die Milch rühren. Die Eier trennen, die Eigelbe verquirlen und unter den Teig rühren. Ihn dann etwa 1 Stunde ruhen lassen.

**2•** In der Zwischenzeit die Äpfel schälen, und die Kerngehäuse ausstechen. Sie dann quer in ungefähr 7 mm dicke Ringe schneiden und in eine breite Schüssel legen. Die Apfelringe mit dem Zucker bestreuen und mit dem Wein begießen. Sie dann an einem kühlen Ort etwa 15 Minuten marinieren.

**3•** Die Apfelringe abgießen und auf Küchenpapier abtropfen lassen. Den Zucker mit dem Zimt mischen. Nun die Eiweiße zusammen mit 1 Prise Salz zu festem Schnee schlagen und diesen vorsichtig unter den Teig heben.

**4•** Das Fett in der Friteuse oder in einem großen Topf erhitzen. Die Apfelringe mit Hilfe einer Gabel portionsweise in den Teig tauchen, abtropfen lassen und im heißen Fett goldgelb ausbacken.

**5•** Die Apfelküchlein gut abtropfen lassen und noch warm im Zimtzucker wenden.

Stammt aus Südtirol
(Alto Adige)
Arbeitsaufwand: ca. 30 Min.
Backzeit: ca. 25 Min.
Ruhezeit des Teiges: ca. 1 Std.
Marinierzeit: ca. 15 Min.

**Für 4 Personen**

*Für den Teig:*
50 g Butter
$1/8$ l Milch
100 g Mehl
$1/2$ Päckchen Backpulver
3 frische Eier
1 Prise Salz

*Für die Äpfel:*
2 große Äpfel (z.B. Idared oder Jonathan)
3 EL Zucker
100 ml Rotwein
Öl oder Butterschmalz zum Ausbacken

*Außerdem:*
2 EL Zucker, $1/2$ TL Zimt

# EMILIA-ROMAGNA

*Erlesenes*
*nicht nur aus Parma*

## Emilia-Romagna

Vollblutmusiker wie Verdi und Toscanini, aber auch Gaumenfreuden wie Parmaschinken und Parmesankäse stammen aus dieser lieblichen Hügelregion. Die Bewohner der Emilia-Romagna wußten schon von altersher Kultur und Kochkunst zu schätzen. So soll die Fähigkeit, Nudelteig hauchdünn auszuziehen, bei den jungen Mädchen früher wichtiger gewesen sein als ihre Schönheit ...

**Emilia-Romagna**

Stammt aus der Emilia-
Romagna
*Arbeitsaufwand: ca. 25 Min.*
*Garzeit: ca. 15 Min.*

**Für 4 Personen**

*1 Zwiebel*
*4 EL Butter*
*500 g Blattspinat*
*1 l Fleischbrühe*
*je 1 Prise Pfeffer aus der Mühle*
*und Salbeipulver*
*1 Knoblauchzehe*
*2 EL geriebener Parmesan*
*2 EL Essig*
*¹/₂ TL Salz*
*4 frische Eier*

*• Servieren Sie diese Suppe mit*
*frischem Brot.*

**TIP**

# MINESTRA DI SPINACI
# CON UOVA

## SPINATSUPPE MIT EI

**1•** Die Zwiebel schälen und fein
würfeln. Sie dann für etwa 3 Minuten in 2 Eßlöffeln Butter dünsten.

**2•** Den Spinat sorgfältig waschen
und verlesen. Ihn von Hand kleinzupfen und dann in einem Topf erhitzen, bis er zusammenfällt. Die
Fleischbrühe und die Zwiebel dazugeben und alles zugedeckt bei
schwacher Hitze erhitzen. Die
Knoblauchzehe schälen und durch
die Presse drücken. Die Suppe mit

Pfeffer, Salbei und Knoblauch würzen. Die restlichen 2 Eßlöffel Butter und den Käse dazugeben.

**3•** Nun ³/₄ l Wasser mit Essig und
Salz aufkochen. Jedes Ei einzeln
aufschlagen und ins kochende Wasser gleiten lassen. 3 bis 4 Minuten
pochieren.

**4•** Die Spinatsuppe in Suppenteller
füllen und je 1 pochiertes Ei darauf
geben.

# ZUPPA DI POMODORO
# AL BASILICO

## TOMATENSUPPE MIT BASILIKUM

1• Die Tomaten oben kreuzweise einschneiden und für etwa 15 Sekunden in kochendes Wasser tauchen. Sie abschrecken, enthäuten und etwas zerkleinern.

2• Die Zwiebeln schälen, fein würfeln und in der Butter andünsten. Die Tomaten dazugeben und beides etwa 30 Minuten unter öfterem Wenden bei mittlerer Hitze dünsten. Es soll ein konzentriertes Mus entstehen.

3• Die Brühe dazugeben und die Suppe im Mixer pürieren. 2 Basilikumblätter in Streifen schneiden und in die Suppe geben. Das Ganze einmal aufkochen und mit Zucker, Salz und Grappa abschmecken.

4• Die Sahne steifschlagen. Die Tomatensuppe in 4 vorgewärmte Suppentassen geben. Sie jeweils mit 1 Eßlöffel Sahne und dem restlichen Basilikum garnieren.

*Stammt allgemein aus Italien*
*Arbeitsaufwand: ca. 25 Min.*
*Garzeit: ca. 35 Min.*

**Für 4 Personen**

*800 g frische, reife Tomaten*
*2 große Zwiebeln*
*1 EL Butter*
*¼ l Fleischbrühe*
*6 frische Basilikumblätter*
*1 Prise Zucker*
*Salz*
*2 EL Grappa (ital. Branntwein)*
*4 EL Sahne*

## GETRÄNKETIP

*trockener Weißwein,*
*z.B. Orvieto Classico secco*
*(1–2jährig)*

**Emilia-Romagna**

# TORTELLINI ALLA BOLOGNESE

## TEIGTASCHEN NACH BOLOGNESER ART MIT SALBEIBUTTER

Stammt aus der Emilia-Romagna
Arbeitsaufwand: ca. 1 Std.
Trockenzeit der Tortellini:
ca. 1 Std.
Garzeit: ca. 20 Min.

**Für 4 Personen**

*Für die Füllung:*
*180 g mageres Schweinefleisch*
*180 g Kalb- oder Putenfleisch*
*2 EL Butter*
*Salz, Pfeffer aus der Mühle*
*25 g luftgetrockneter Schinken*
*(z.B. Parmaschinken)*
*2 EL Ricotta (ital. Frischkäse)*
*oder Speisequark*
*100 g geriebener Parmesan*
*1 frisches Ei*
*etwas Muskat*

*Für den Teig:*
*1 Grundrezept für Nudelteig*
*(S. 100)*

*Außerdem:*
*4 EL Butter*
*3–4 Salbeiblätter*
*Salz, Pfeffer aus der Mühle*

**TIP**
• *Die Tortellini können Sie auch mit Tomatensauce (S. 172) servieren.*

**GETRÄNKE TIP**

roter Landwein,
z.B. Sangiovese di
Romagna
(2–3jährig)

**1•** Beide Fleischsorten in dünne Scheiben schneiden und separat halten. Die Butter erhitzen. Zunächst das Schweinefleisch darin anbraten. Etwa 5 Minuten später das Kalb- oder Putenfleisch hinzufügen und alles weiterbraten, bis auch dieses Farbe angenommen hat. Die Fleischstücke abkühlen lassen.

**2•** Das Fleisch mit Salz und Pfeffer würzen und durch die mittlere Scheibe des Fleischwolfes drehen oder mit einem großen Messer fein hacken.

**3•** Den Schinken in sehr kleine Stücke schneiden und mit gehacktem Fleisch, Ricotta, Parmesan und dem Ei gut mischen. Die Masse dann mit Salz, Pfeffer und Muskat abschmecken und bis zur Weiterverwendung kühl stellen.

**4•** Den Teig für die Tortellini nach der Zubereitungsanleitung (S. 82) zubereiten. Ihn dünn ausrollen, in etwa 5 cm breite Streifen und danach in Quadrate von 5 cm Seitenlänge schneiden.

**5•** In die Mitte jedes Teigquadrates etwa ½ Teelöffel Füllung geben. Nun die Quadrate zu Dreiecken falten, dabei sollten die Ränder des oberen Dreieckes nicht ganz auf dem unteren liegen, sondern etwa 3 mm zurückgesetzt sein.

**6•** Die Ränder der Dreiecke andrücken, damit die Füllung nicht herausquillt. Die Dreiecke so zwischen die Finger nehmen, daß die lange Kante nach unten zeigt. Nun die obere Spitze nach innen klappen und mit leichtem Druck des Zeigefingers fixieren.

**7•** Die beiden Ecken der langen Kante um den Zeigefinger wickeln, daß ein Ring entsteht. Die beiden Enden übereinanderlegen und fest zusammendrücken, damit der Ring geschlossen wird.

**8•** Die Tortellini nebeneinander auf ein Küchentuch aus Stoff legen, daß sie sich nicht berühren. Sie bis zur Weiterverwendung etwa 1 Stunde trocknen lassen. Sollten sie länger liegenbleiben, die Tortellini ab und zu wenden und darauf achten, daß sie sich nicht berühren.

**9•** Die Tortellini in siedendem Salzwasser 4 bis 6 Minuten kochen. Dabei öfter prüfen, ob sie gar (al dente) sind. Wenn nötig die Kochzeit um 1 bis 2 Minuten verlängern. Wenn die Tortellini gar sind, sie sofort abgießen und in einem Sieb vorsichtig schütteln, damit das Wasser abfließt.

**10•** Die Salbeiblätter waschen und von Hand kleinzupfen. Die Butter schmelzen lassen und den Salbei kurz andünsten. Die Salbeibutter mit Salz und Pfeffer abschmecken und auf die Tortellini träufeln.

Emilia-Romagna

# LASAGNE AL FORNO

## NUDELAUFLAUF

*Stammt aus der Emilia-Romagna*
*Arbeitsaufwand: ca. 1 Std.*
*Garzeit: ca. 2 Std.*
*Zeit zum Überbacken:*
*20–25 Min.*

**Für 4 Personen**

*Für die Bologneser Sauce*
*(Grundrezept für Ragù alla*
*bolognese):*
*100 g Pancetta (ital. Bauch-*
*speck) oder Frühstücksspeck*
*1 große Zwiebel*
*1 große Karotte*
*1 Stange Staudensellerie*
*100 g Butter*
*300 g grob gehacktes Rindfleisch*
*1 gehäufter EL Tomatenmark*
*1 Stück unbehandelte*
*Zitronenschale*
*1/8 l Weißwein*
*ca. 1/2 l Fleischbrühe*
*Salz, Pfeffer aus der Mühle*
*Muskat*
*2 EL Sahne*

*Für die Béchamelsauce:*
*4 EL Butter*
*3 EL Mehl*
*1/2 l Milch*
*Salz, weißer Pfeffer aus der*
*Mühle*

*Außerdem:*
*500 g gekaufte weiße*
*Lasagneblätter*
*Salz*
*100 g geriebener Parmesan*
*5 EL Butter*

• *Die Bologneser Sauce paßt sehr*
*gut zu Teigwaren. Sie wird aber*
*erstaunlicherweise in Italien selten*
*zu Spaghetti serviert.*

**1•** Für die Bologneser Sauce die Zwiebel, die Karotte und den Sellerie putzen, schälen und würfeln.

**2•** Die Butter in einer großen Pfanne erhitzen und die Pancettawürfel sowie die Gemüsestückchen darin unter Wenden andünsten. Das Fleisch hinzufügen und alles leicht anbraten. Dann das Tomatenmark und die Zitronenschale dazugeben.

**3•** Den Wein dazugießen, ihn etwas einkochen lassen und dann knapp 1/2 l Fleischbrühe angießen. Etwas Brühe übriglassen. Das Ganze mit Salz, Pfeffer und wenig Muskat würzen und 1 bis 1 1/2 Stunden im geschlossenen Topf bei schwacher Hitze schmoren lassen. Dabei ab und zu prüfen, ob noch genügend Flüssigkeit vorhanden ist. Wenn nötig, noch etwas Brühe dazugießen.

**4•** Inzwischen die Béchamelsauce zubereiten. Dazu die Butter in einem Topf bei schwacher Hitze zerlassen. Das Mehl auf die flüssige Butter stäuben und unter Rühren anschwitzen.

**5•** Sobald sich Butter und Mehl verbunden haben und diese Mischung leicht schäumt, den Topf von der Kochstelle ziehen.

**6•** Die Milch nach und nach unter ständigem Rühren dazugießen und die Mehlschwitze klümpchenfrei damit verrühren.

**7•** Die Sauce kräftig rühren und zugedeckt etwa 10 Minuten bei schwacher Hitze köcheln lassen.

**8•** Die Lasagneblätter in reichlich kochendem Salzwasser in etwa 7 Minuten „al dente" kochen. Sie danach abgießen, gut abtropfen lassen und bis zur Weiterverwendung auf einem Küchentuch aus Stoff ausbreiten.

**9•** Eine große rechteckige feuerfeste Form (30–40 cm lang) mit 2 Eßlöffeln Butter einfetten. Den Ofen auf 200°C vorheizen.

**10•** Die Béchamelsauce nach ihrer Garzeit mit Salz und Pfeffer abschmecken und beiseite stellen.

**11•** Die Bologneser Sauce kurz vor Ende ihrer Garzeit noch einmal aufkochen lassen und dann die Zitronenschale herausnehmen. Zum Schluß die Sahne dazugeben und alles noch einmal mit den Gewürzen abschmecken.

**12•** Nun den Boden der gefetteten Form mit 1 Schicht Lasagneblättern auslegen. Dann lagenweise Bologneser Sauce und Béchamelsauce darauf geben und alles mit etwas Parmesan bestreuen. 1 Lage Lasagneblätter darauf schichten und auf diese Weise fortfahren, bis alle Zutaten aufgebraucht sind, dabei sollte die Béchamelsauce mit dem restlichen Parmesan die letzte Schicht bilden. Darauf 3 Eßlöffel Butter in Flöckchen geben und die Lasagne auf der mittleren Schiene in 20 bis 25 Minuten goldbraun überbacken.

**Emilia-Romagna**

# MAIALE AL LATTE

## MILCHBRATEN NACH BOLOGNESER ART

*Stammt aus der Emilia-Romagna*
*Arbeitsaufwand: ca. 20 Min.*
*Garzeit: ca. 2 ¹/2 Std.*

**Für 6 Personen**

*¹/2 Stange Lauch*
*1 Knoblauchzehe*
*2 EL Olivenöl*
*2 EL Butter*
*1,2 kg Schweinefleisch (Schulter oder Karree) ohne Knochen*
*Salz, Pfeffer aus der Mühle*
*8 Salbeiblätter*
*1 mit 1 Lorbeerblatt und*
*1 Gewürznelke gespickte Zwiebel*
*ca. 1 l Milch*

### ┌ GETRÄNKETIP ┐

*roter Landwein, z.B. Sangiovese di Romagna (2–3jährig)*

1• Den Lauch putzen, waschen und in Scheiben schneiden. Die Knoblauchzehe schälen und durch die Presse drücken. Das Öl zusammen mit der Butter in einem großen Bräter erhitzen, dabei darf die Butter nicht schäumen. Das Fleisch salzen, pfeffern und ins heiße Fett geben. Die Salbeiblätter und die Zwiebel zusammen mit dem Lauch und dem Knoblauch dazugeben. Das Ganze dann bei mittlerer Hitze unter mehrmaligem Wenden anbraten.

2• Die Milch in einem separaten Topf aufkochen. Ungefähr ¼ l langsam zum Fleisch gießen. Nun die Temperatur auf die niedrigste Stufe schalten und das Fleisch im geschlossenen Topf etwa 2 Stunden schmoren. Währenddessen den Braten ab und zu wenden und, sobald die Milch dickflüssig eingekocht ist, wiederum ¼ l Milch zum Braten geben. Den Topf wiederum schließen und weitergaren, bis die Milch eingedickt ist.

3• Auf diese Art fortfahren, bis die ganze Milch dick eingekocht und das Fleisch gar ist.

4• Das Fleisch sowie die Salbeiblätter und die Zwiebel aus dem Topf nehmen. Das Fleisch warm stellen. Sollte sich im Topf sichtbar Fett abgesetzt haben, dieses mit Hilfe eines Löffels entfernen oder mit Küchenpapier aufsaugen.

5• Etwa 2 Eßlöffel heißes Wasser in den Topf geben und den Bratenfond vom Topfboden loskochen. Wenn die Sauce durch die Milch grießig geworden sein sollte, die Sauce aufmixen, bis sie wieder glatt ist. Sie zum Schluß mit Salz und Pfeffer würzen.

6• Das Fleisch in Scheiben schneiden und zusammen mit der Sauce servieren.

### Variationen

• Dieser Braten läßt sich auch mit Kalbfleisch zubereiten.

• Die Salbeiblätter kann man durch einen Rosmarinzweig ersetzen.

*Stammt aus der Emilia-
Romagna
Arbeitsaufwand: ca. 15 Min.
Garzeit: ca. 30 Min.*

**Für 4 Personen**

*Für die Kalbskoteletts:
4 Kalbskoteletts à 180 g
Salz, Pfeffer aus der Mühle
1 EL Butter*

*Für die Marsalasauce:
1 Schalotte
2–3 Salbeiblätter
100 ml Marsala (Dessertwein)
1/4 l Kalbsfond (aus dem Glas)
Salz, Pfeffer aus der Mühle*

┌─ **GETRÄNKETIP** ─┐

*trockener Rotwein,
z.B. Colli Bolognesi
(3–8jährig)*

# COSTOLETTE DI VITELLO AL MARSALA

## KALBSKOTELETTS MIT MARSALASAUCE

**1•** Die Kalbskoteletts salzen und pfeffern und in der heißen Butter unter öfterem Wenden in 6 bis 8 Minuten goldbraun braten. Sie dann auf ein Abtropfgitter legen und warm halten.

**2•** Die Schalotten fein schneiden und zusammen mit den Salbeiblättern in den Bratenfond geben. Beides darin dünsten und dabei mehrmals mit etwa zwei Dritteln des Marsalas ablöschen.

**3•** Nun das Ganze mit dem Kalbsfond auffüllen und mindestens auf die Hälfte einkochen lassen.

**4•** Den restlichen Marsala dazugeben und die Sauce abschließend mit Salz und Pfeffer abschmecken.

**5•** Die Koteletts zusammen mit der Sauce auf 4 Tellern anrichten.

# SPINACI DI MAGRO

## SPINAT NACH ART DER ROMAGNA

1• Die Rosinen für etwa 1 Stunde in lauwarmes Wasser einlegen.

2• Inzwischen den Spinat sorgfältig waschen und verlesen, dabei die Stiele entfernen. Die Blätter tropfnaß in einen Topf geben und ohne Zugabe von Flüssigkeit aufkochen. Die Spinatblätter danach abtropfen lassen und ausdrücken.

3• Die Knoblauchzehe schälen und halbieren. Das Olivenöl in einem Topf erhitzen und Knoblauch sowie Petersilie dazugeben.

4• Den Spinat und die gut abgetropften Rosinen dazugeben und unter Wenden so lange andünsten, bis alle Flüssigkeit verdampft ist.

5• Den Knoblauch je nach Geschmack aus dem Gemüse nehmen. Zum Schluß alles mit Salz, Pfeffer und Zucker abschmecken.

### Variation

• Eine üppige Variante erhalten Sie, wenn Sie Rosinen und Petersilie durch 2 bis 3 gehackte Sardellen, 1 Knoblauchzehe und 1 Eßlöffel geriebenen Parmesan ersetzen.

*Stammt aus der Emilia-Romagna*
*Arbeitszeit: ca. 35 Min.*
*Einlegezeit der Rosinen: ca. 1 Std.*
*Garzeit: ca. 15 Min.*

**Für 4 Personen**

*50 g Rosinen*
*1 kg Blattspinat*
*2 EL Olivenöl*
*1 Knoblauchzehe*
*2 EL gehackte Petersilie*
*Salz, Pfeffer aus der Mühle*
*1 Prise Zucker*

# PANNA COTTA

## GESTÜRZTE SAHNECREME

*Stammt aus der Emilia-Romagna*
*Arbeitsaufwand: ca. 20 Min.*
*Garzeit: ca. 5 Min.*
*Kühlzeit: 2–3 Std.*

**Für 4 Personen**

*Für die Creme:*
*4 Blatt weiße Gelatine*
*250 g Sahne, ¹/₄ 1 Milch*
*1 Stange Zimt*
*3 EL Zucker*
*¹/₂ TL abgeriebene unbehandelte Zitronenschale*

*Für die Sauce:*
*200 g Himbeeren*
*2 EL Puderzucker*

*Außerdem:*
*Butter und Puderzucker für die Förmchen*
*einige Pfefferminzblätter*
*50 g Himbeeren*

**1•** Die Gelatine in kaltem Wasser einweichen. Inzwischen die Himbeeren waschen, durch ein feinmaschiges Sieb passieren und mit dem Puderzucker verrühren.

**2•** Die Sahne zusammen mit Milch, Zimt, Zucker und Zitronenschale etwa 5 Minuten bei schwacher Hitze kochen, danach vom Herd nehmen.

**3•** Die Gelatine ausdrücken und in der noch heißen Flüssigkeit auflösen. Die Sahnecreme durch ein Sieb gießen und abkühlen lassen.

**4•** Mit der Butter 4 Dessertförmchen einfetten und anschließend mit dem Puderzucker ausstäuben.

Die Sahnecreme in die Förmchen geben und zum Erstarren 2 bis 3 Stunden kühl stellen.

**5•** Kurz vor dem Servieren die Förmchen in warmes Wasser stellen und mit einem spitzen Messer am Innenrand entlangfahren. Nun die Sahnecreme aus den Förmchen stürzen und mit der Himbeersauce umgießen. Das Dessert mit Minze und Himbeeren garnieren.

# ZUPPA INGLESE AI TRE COLORI

## GESCHICHTETE CREMESPEISE IN DREI FARBEN

**1•** Die Milch, bis auf 2 Eßlöffel, mit 50 g des Zuckers und der aufgeschlitzten Vanilleschote aufkochen und dann abkühlen lassen. Den restlichen Zucker zusammen mit den Eigelben zu einer Creme aufschlagen und die Milch darunterrühren.

**2•** Die Creme in einen Topf geben und unter ständigem Rühren bis knapp unter den Siedepunkt erhitzen. Die Stärke mit 1 bis 2 Eßlöffeln Milch verrühren, zur Creme geben und alles weiterkochen, bis die Creme gebunden ist.

**3•** Die Schokolade fein raspeln. Den Kuchenteig in 3 Scheiben schneiden und mit dem Alchermes oder dem Rum beträufeln. Die Hälfte der noch warmen Creme mit der Schokolade mischen.

**4•** Nun in eine runde, hohe Schale schichtweise Kuchenteig, Vanillecreme, Marmelade und Schokocreme einschichten. Das Ganze für etwa 2 Stunden kühl stellen.

**5•** Die Sahne mit 1 Eßlöffel Zucker steifschlagen und auf das Dessert Sahnetupfen setzen.

*Stammt aus der Emilia-Romagna*
*Arbeitsaufwand: ca. 1 Std.*
*Kühlzeit: ca. 2 Std.*

**Für 4 Personen**

*Für die Cremeschicht:*
*1/2 1 Milch*
*150 g Zucker*
*1 Vanilleschote*
*4 frische Eigelbe*
*2 TL Speisestärke*
*50 g dunkle Schokolade*

*Für die Teigschicht:*
*250 g Pan di Spagna*
*(süßer italien. Sandkuchenteig)*
*oder Brioche oder Löffelbiskuits*
*3 EL Alchermes (roter Gewürzlikör) oder Rum*

*Außerdem:*
*200 g Kirschmarmelade*
*200 g Sahne, 1 EL Zucker*

# UMBRIEN, MARKEN, ABRUZZEN UND MOLISE

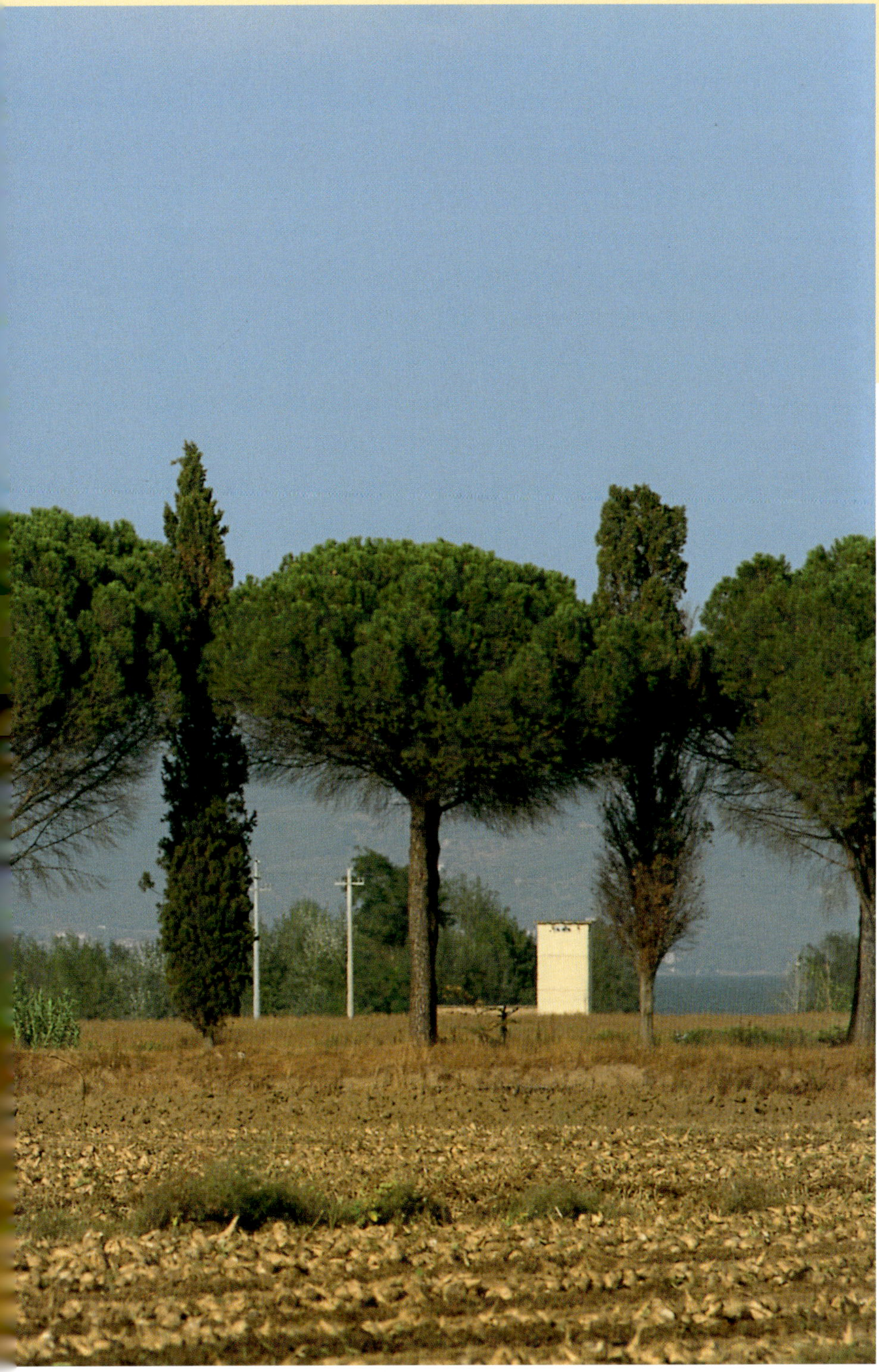

# Umbrien, Marken, Abruzzen und Molise

Goldfarbene, feinsandige Strände, einsame Buchten und azurblaues Wasser auf der einen Seite, steile Schluchten, karge Berge und entlegene Dörfchen auf der anderen Seite: Auch wenn die vier in der Mitte Italiens gelegenen Regionen landschaftlich durchaus unterschiedlich sind – ihre Küche bietet viele Gemeinsamkeiten. Sie ist einfach und bodenständig und hat im Laufe der Jahre ihren eigenen Charakter bewahrt.

## *Kostbarkeiten aus Wald, Feld und Meer*

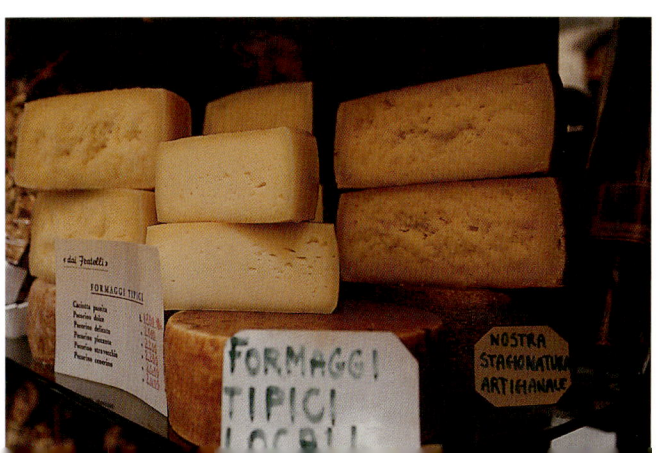

Stammt aus den Abruzzen
Arbeitsaufwand: ca. 15 Min.

**Für 4 Personen**

*6 feste Fleischtomaten*
*Salz*
*schwarzer Pfeffer aus der Mühle*
*4 EL kaltgepreßtes Olivenöl*
*1 EL Rotweinessig*
*8 Basilikumblätter*
*4 Frühlingszwiebeln*

*• Sie können diesem Salat einen aromatischeren Geschmack verleihen, wenn Sie den Rotweinessig mit ein wenig Balsamicoessig mischen.*

**TIP**

# INSALATA DI POMODORO CON CIPOLLINE

**TOMATENSALAT MIT FRÜHLINGSZWIEBELN**

**1•** Die Tomaten waschen und in Scheiben schneiden. Sie mit etwas Salz bestreuen und für etwa 10 Minuten ruhen lassen.

**2•** Den ausgetretenen Tomatensaft abgießen und die Tomaten mit dem Olivenöl und dem Essig beträufeln. Den schwarzen Pfeffer direkt aus der Mühle auf die Tomaten mahlen.

**3•** Das Basilikum waschen, zerzupfen und auf den Tomaten verteilen. Die Frühlingszwiebeln putzen, waschen und in dünne Ringe schneiden. Diese dann auf dem Salat verteilen.

**GETRÄNKETIP**

*trockener Rosé, z.B. Montepulciano d'Abruzzo Cerasuolo (1–2jährig)*

# BUDINO DI POMODORO

## TOMATENMOUSSE MIT GARNELEN

1• Die Gelatine nach der Packungsbeschreibung in kaltem Wasser einweichen.

2• Die Tomaten vierteln und entkernen. Das Fruchtfleisch gut ausdrücken und durch ein feinmaschiges Sieb passieren. Das Tomatenpüree mit dem Tomatenmark mischen und mit Salz, Pfeffer, Cayennepfeffer und Zucker abschmecken.

3• Die Gelatine ausdrücken, im warmen Wasserbad auflösen und unter die Tomaten rühren. Das Ganze etwa 20 Minuten ruhen lassen.

Den Mascarpone unter die Masse ziehen und diese in 4 Portionsförmchen (je etwa 100 ml Fassungsvermögen) füllen. Alles für etwa 60 Minuten kalt stellen.

4• Die Garnelen kurz in leicht gesalzenem Wasser aufkochen. Die Zitrone in Scheiben schneiden und die Salatblätter waschen.

5• Zum Servieren die Förmchen kurz in warmes Wasser stellen. Die Mousse am Rand leicht lösen und auf Teller stürzen. Jede Portion mit 1 Garnele, Zitronenscheiben und 1 Salatblatt garnieren.

Stammt allgemein aus Italien
Arbeitsaufwand: ca. 20 Min.
Kühlzeit: ca. 1 Std.

**Für 4 Personen**

*Für die Mousse:*
*4 Blatt weiße Gelatine*
*4 mittelgroße, geschälte Tomaten (aus der Dose)*
*50 g Tomatenmark*
*Salz, Pfeffer aus der Mühle*
*Cayennepfeffer*
*1 Prise Zucker*
*200 g Mascarpone (ital. Frischkäse)*

*Außerdem:*
*4 vorgegarte Garnelen (TK-Ware)*
*1 unbehandelte Zitrone*
*4 große Salatblätter (z.B. Endivien- oder Kraussalat)*

Stammt aus den Abruzzen
Arbeitsaufwand: ca. 40 Min.
Ruhezeit des Nudelteiges:
ca. 1 Std.
Trockenzeit des Nudelteiges:
ca. 30 Min.
Garzeit: ca. 30 Min.

**Für 4 Personen**

Für den Nudelteig
(Grundrezept):
300 g Mehl
3 frische Eier
Salz

Für die Sauce:
100 g Pancetta (ital. Bauchspeck) oder Frühstücksspeck
1 mittelgroße Zwiebel
2 EL kaltgepreßtes Olivenöl
1 EL gehackte Petersilie
1 Knoblauchzehe
8 feingeschnittene
Basilikumblätter
4–5 EL Fleischbrühe
Salz, Pfeffer aus der Mühle
100 g geriebener Pecorino
(ital. Hartkäse aus Schafsmilch)

**TIPS**

• Es gibt sehr gute mechanische
Nudelwalzen, die Ihnen das etwas
mühsame Ausrollen des Teiges
erleichtern.

• Ist der Teig zu fest, kann man
1 Eßlöffel Öl darunterkneten.

# FETTUCCINE ALL'ABRUZZESE

## BANDNUDELN NACH ART DER ABRUZZEN

1• Das Mehl in eine große Schüssel sieben und in der Mitte eine Mulde bilden. Die Eier kurz verquirlen und in die Mulde geben. Sie mit wenig Salz bestreuen und mit etwas Mehl vom Rand verrühren.

2• Ständig Mehl unterarbeiten, bis alles zusammen einen dicken Brei ergibt. Danach das Ganze mit den Händen zu einem festen Teig verkneten.

3• Den Teig in 2 bis 3 Stücke teilen und jeden Teil nochmals einzeln durchkneten, bis er glatt ist. Den Teig mit einem Tuch abdecken und etwa 60 Minuten ruhen lassen.

4• Anschließend den Nudelteig auf einer bemehlten Arbeitsfläche mit Hilfe eines Nudelholzes 1 bis 2 mm dünn ausrollen. Ihn dann für die Bandnudeln in etwa 2 cm breite Streifen schneiden. Diese auf einem bemehlten Küchentuch aus Stoff ausbreiten und etwa 30 Minuten trocknen lassen.

5• Inzwischen die Pancetta fein hacken. Die Zwiebel schälen und in feine Würfel schneiden. Das Olivenöl in einer großen Pfanne erhitzen und darin die Pancetta und die Zwiebel andünsten. Die Knoblauchzehe schälen, durch die Presse drücken und zusammen mit dem Basilikum in die Pfanne geben.

6• Das Ganze bei schwacher Hitze etwa 20 Minuten weiterdünsten. Gelegentlich etwas Fleischbrühe dazugeben und zum Schluß die Sauce mit Salz und Pfeffer abschmecken.

7• Die Nudeln in Salzwasser in 1 bis 2 Minuten bißfest garen, abgießen und abtropfen lassen. Sie dann mit der Sauce mischen und die Hälfte des Pecorinos darauf streuen. Den restlichen Käse am Tisch nach Belieben auf die Nudeln geben.

### Variation

• Nudelteig läßt sich farblich und geschmacklich sehr vielfältig variieren: Grünen Nudelteig stellt man durch die Zugabe von etwas feingehacktem Spinat her. Roten oder gelben Nudelteig bekommen Sie, wenn Sie zum Teig etwas Tomatenmark, Safran oder Kurkuma in etwa 1 Teelöffel Wasser aufgelöst, dazugeben.

### GETRÄNKETIP

trockener Roséwein, z.B. Montepulciano d'Abruzzo Cerasuolo (1–2jährig)

## Umbrien, Marken, Abruzzen und Molise

# RAVIOLI ALL'ORTICA

## BRENNESSELRAVIOLI

*Stammt aus Umbrien*
*Arbeitsaufwand: ca. 1 Std.*
*Ruhezeit des Teiges: ca. 1 Std.*
*Garzeit: ca. 15 Min.*

**Für 4 Personen**

*Für den Teig:*
*1 Grundrezept Nudelteig*
*(S. 82)*
*1–2 EL Olivenöl*

*Für die Füllung:*
*500 g junge Brennesselblätter*
*1 kleine Zwiebel*
*2 Knoblauchzehen*
*2–3 EL Olivenöl*
*100 ml Hühnerbrühe*
*Salz, Pfeffer aus der Mühle*
*Muskat*

*Außerdem:*
*1 frisches Eiweiß*
*4 EL Butter*

**TIP**

• *Sie können die Brennesseln durch eine Füllung aus je zur Hälfte saurer Sahne und Spinat ersetzen.*

1• Nach der Zubereitungsanweisung (S. 82) aus den Zutaten für das Grundrezept Nudelteig zusammen mit dem Öl einen elastischen Teig herstellen und diesen ungefähr 1 Stunde abgedeckt ruhen lassen.

2• Inzwischen die Brennesselblätter waschen und zerzupfen. Die Zwiebel und die Knoblauchzehen schälen. Die Zwiebel fein würfeln und den Knoblauch durch die Presse drücken. Beides im Olivenöl glasig dünsten, dann die Brennesselblättchen dazugeben und mitdünsten. Die Hühnerbrühe dazugießen und alles etwa 5 Minuten köcheln lassen.

3• Anschließend die Masse in ein Sieb geben und sorgfältig ausdrücken, damit die überschüssige Flüssigkeit abtropfen kann. Sie dann mit Salz, Pfeffer und Muskat abschmecken und abkühlen lassen.

4• Den Teig mit Hilfe eines Nudelholzes oder einer mechanischen Nudelwalze dünn ausrollen und mit einem Ausstechförmchen Kreise von etwa 6 cm Durchmesser ausstechen.

5• In die Mitte der Teigkreise jeweils etwa 1 Teelöffel der Brennesselmasse geben. Die Ränder mit Eiweiß bestreichen und zu Halbmonden zusammenfalten. Dabei die Ränder fest andrücken.

6• Die Ravioli in kochendes Salzwasser geben und darin 2 bis 3 Minuten kurz kochen.

7• In der Zwischenzeit die Butter zerlassen und hellbraun werden lassen.

8• Die Ravioli in einem Sieb abtropfen lassen, auf 4 Tellern anrichten und mit etwas brauner Butter beträufeln.

---

**GETRÄNKE TIP**

trockener Rotwein, z.B. Torgiano Rosso (3–5jährig)

**Umbrien, Marken,
Abruzzen und Molise**

# BRODETTO DEI PESCATORI

## FISCHSUPPE
## NACH ADRIATISCHER ART

*Stammt aus den Marken
Arbeitsaufwand: ca. 40 Min.
Garzeit: ca. 50 Min.
Zeit zum Wässern der Muscheln:
1–2 Std.*

**Für 4 Personen**

*800 g Miesmuscheln
400 g Venusmuscheln (Vongole)
400 g Filets von Mittelmeer-
fischen (z.B. Meeraal, Hecht,
Meeräsche, Rotbarsch,
Seeteufel), ohne Gräten
400 g gemischte kleine
Tintenfische (z.B. Polpo,
Calamaro, Seppia)
4 EL Olivenöl
800 ml Wasser
2 Knoblauchzehen
2 geschälte Tomaten
(aus der Dose)
1 Lorbeerblatt
200 ml trockener Weißwein
3 EL gehackte Petersilie
Salz, Pfeffer aus der Mühle
4 Scheiben Weißbrot*

• *Für die Fischsuppe können Sie
2 große, gewürfelte Zwiebeln
zusammen mit den Tomaten andünsten. Die Zubereitungsart ist in
manchen Orten an der Adria weit
verbreitet.*

**TIP**

1• Die beiden Muschelsorten gründlich waschen und die vorhandenen Bärte herausziehen. Bereits geöffnete Muscheln wegwerfen, denn sie sind verdorben. Die Venusmuscheln 1 bis 2 Stunden wässern.

2• Das Fischfleisch in Würfel schneiden. Die Tintenfische sorgfältig waschen. Die Köpfe zusammen mit den Fangarmen und den Eingeweiden aus den Körpersäcken ziehen. Die Köpfe abschneiden, die Eingeweide und bei den Seppie auch die Tintensäcke vorsichtig entfernen. Die Körpersäcke gründlich waschen und diese sowie die Fangarme verwenden, größere Tintenfische in Ringe schneiden.

3• Nachdem die Venusmuscheln gewässert sind, in 2 großen Töpfen die beiden Muschelsorten zusammen mit je 1 Eßlöffel Öl separat dünsten und die Hälfte des Wassers angießen. Die Muscheln bei mittlerer Hitze garen, bis sich die Schalen öffnen. Danach geschlossene Muscheln wegwerfen. Die restlichen bis zur Weiterverwendung im Kochsud in den Töpfen belassen.

4• In der Zwischenzeit die Knoblauchzehen schälen und durch die Presse drücken. Die geschälten Tomaten etwas zerkleinern. Die restlichen 2 Eßlöffel Olivenöl in einem hohen Topf zusammen mit etwa der Hälfte des Knoblauchs, dem Lorbeerblatt und den kleingeschnittenen Tomaten andünsten. Nach etwa 2 Minuten den Wein

und 400 ml Wasser dazugießen und das Ganze ungefähr 10 Minuten köcheln lassen.

5• Danach die Polpi und die Seppie in die Sauce geben und etwa 30 Minuten garen.

6• Nun die Calamari dazugeben. Den Kochsud der Muscheln nach und nach dazugießen. Sollte er sandig sein, ihn zuvor durch einen Kaffeefilter absieben.

7• Zum Schluß die Fischstücke, den restlichen Knoblauch und die Petersilie zu den Tintenfischen geben. Das Ganze nochmals zum Kochen bringen und mit Salz sowie Pfeffer abschmecken. Das Lorbeerblatt aus der Suppe nehmen.

8• Die Brotscheiben im Toaster oder im Backofen hellgelb rösten.

9• Je 1 Brotscheibe in einen Suppenteller geben, die beiseite gestellten Muscheln darauf verteilen und die Fischsuppe angießen.

┌─ **GETRÄNKETIP** ─┐

*trockener Weißwein,
z.B. Verdicchio
dei Castelli di Jesi
(1–2jährig)*

Umbrien, Marken,
Abruzzen und Molise

# LEPRE
# ALLA CACCIATORA

## WILDHASE NACH JÄGERART

*Stammt aus Umbrien*
*Arbeitsaufwand: ca. 35 Min.*
*Marinierzeit: ca. 24 Std.*
*Schmorzeit: ca. 40 Min.*

**Für 4 Personen**

*Für die Marinade:*
*1 Zweig Rosmarin*
*1 Zweig Salbei*
*3 Lorbeerblätter*
*1 kleiner Zweig Sellerieblätter*
*2 Knoblauchzehen*
*10 schwarze Pfefferkörner*
*1 l weißer Landwein*

*Für den Wildhasen:*
*1 Wildhase, küchenfertig gekauft*
*und in 4 Stücke zerteilt*
*100 ml Olivenöl*
*Salz, Pfeffer aus der Mühle*
*³/₄ l kräftiger Rotwein*
*¹/₈ l Fleischbrühe*

**1•** Für die Marinade die Kräuterzweige und die Sellerieblätter waschen, die Knoblauchzehe schälen und grob zerkleinern. Die Pfefferkörner ebenfalls grob zerdrücken

und alles mit dem Weißwein aufgießen. Die Fleischstücke in eine große, flache Schüssel legen und mit der Marinade bedecken. Das Fleisch etwa 24 Stunden zugedeckt im Kühlschrank marinieren lassen.

**2•** Die Fleischstücke aus der Marinade nehmen und mit Küchenpapier trockentupfen.

**3•** Das Olivenöl in einer Kasserolle erhitzen und das Fleisch darin anbraten. Inzwischen die Marinade absieben und nur die Kräuter und Gewürze zum Fleisch geben. Nun das Ganze salzen und pfeffern.

**4•** Das Fleisch in der Kasserolle zugedeckt bei schwacher Hitze etwa 15 Minuten schmoren lassen. Nach dieser Zeit nach und nach den Rotwein dazugeben. Erst wieder Wein angießen, wenn dieser stark eingekocht ist. Nach etwa 40 Minuten überprüfen, ob das Fleisch gar ist.

**5•** Das Fleisch herausnehmen und den Bratensatz zusammen mit dem restlichen Rotwein und etwas Fleischbrühe stark einkochen lassen. Die Sauce zum Wildhasenfleisch reichen.

┌─ **GETRÄNKETIP**
│
│ *trockener Rotwein,*
│ *z.B. Rosso di*
│ *Torgiano*
│ *(3–8jährig)*

*TIP*

• *In den Abruzzen serviert man*
*Polenta oder getoastetes Landbrot*
*dazu.*

Stammt aus den Marken
Arbeitsaufwand: ca. 25 Min.
Garzeit: ca. 35 Min.
Ruhezeit des Teiges: ca. 1 Std.

**Für 4 Personen**

*Für den Backteig:*
*¹/₄ l Weißwein oder Wasser*
*80 g Mehl*
*1 frisches Ei*
*Salz, Pfeffer aus der Mühle*

*Außerdem:*
*1 großer Blumenkohl (ca. 1 kg)*
*Öl oder Fritierfett zum*
*Ausbacken*
*1 Zitrone*
*etwas glatte Petersilie*

*• Brokkoli, Romanesco und Zucchini (in dicken Scheiben) eignen sich auch sehr gut zum Ausbacken.*

# CAVOLFIORE FRITTO

## GEBACKENER BLUMENKOHL

1• Den Wein oder das Wasser in eine Schüssel geben. Das Mehl unter ständigem Rühren nach und nach dazusieben. Das Ei in einer Tasse verquirlen und unterrühren. Der Teig sollte etwa die Konsistenz wie Pfannkuchenteig haben. Den Teig zum Schluß mit Salz und Pfeffer würzen.

2• Den Teig mit einem Tuch bedecken und etwa 1 Stunde ruhen lassen.

3• Inzwischen den Blumenkohl putzen, in mittelgroße Röschen teilen, dabei die harten Strünke entfernen. Die Blumenkohlröschen waschen und in Salzwasser in etwa 15 Minuten bißfest garen.

4• Das Fritierfett in einem hohen Topf oder in der Friteuse auf 180°C erhitzen. Die Röschen einzeln mit Hilfe einer Gabel in den Teig tauchen und abtropfen lassen. Dann die Röschen in das heiße Fett geben und portionsweise hellbraun ausbacken.

5• Die Zitrone waschen und in Spalten schneiden. Den gebackenen Blumenkohl auf Küchenpapier abtropfen lassen und noch warm zusammen mit den Zitronenspalten servieren.

# ZUCCHINI AL FORNO

## ZUCCHINI AUS DEM OFEN

Stammt aus den Marken
Arbeitsaufwand: ca. 30 Min.
Backzeit: 50–60 Min.

**Für 4 Personen**

8 kleine, feste Zucchini
(oder 4–5 mittelgroße)
Butter für die Form
2 EL Paniermehl
3 EL Olivenöl, 1 Knoblauchzehe
4 EL gehackte Petersilie
Salz, Pfeffer aus der Mühle

1• Den Backofen auf 180°C vorheizen. Die Zucchini waschen, längs halbieren und die Stielansätze entfernen. Eine Gratinform mit Butter einfetten und die Zucchinihälften mit der Haut nach oben hineinlegen. Sie mit Aluminiumfolie abdecken, damit sie nicht zu trocken werden und dann für etwa 20 Minuten im Backofen garen.

2• Die Zucchini aus dem Ofen nehmen und den Ofen weiterheizen. Die noch warmen Zucchinihälften wenden und mit Hilfe eines Löffels aushöhlen. Das Zucchinifleisch mit Hilfe einer Gabel zerdrücken und mit dem Paniermehl und 1 Eßlöffel Olivenöl mischen. Die Knoblauchzehe schälen und durch die Presse drücken. Sie zusammen mit der Petersilie zum Zucchinifleisch geben und alles mit Salz und Pfeffer würzen.

3• Diese Mischung in die ausgehöhlten Zucchinihälften geben. Das Ganze mit wenig Olivenöl beträufeln und das restliche Öl in die Form gießen.

4• Die gefüllten Zucchini in den Ofen geben und 30 bis 40 Minuten schmoren lassen. Sollten sie zu braun werden, sie wieder mit Folie abdecken.

## GETRÄNKETIP

trockener Weißwein,
z.B. Verdicchio
dei Castelli di Jesi
(1–2jährig)

*Stammt aus den Abruzzen
Arbeitsaufwand: ca. 25 Min.
Garzeit: 30–35 Min.*

**Für 4 Personen**

*1 kg frische, grüne Erbsen
(mit Schoten)
80 g magerer Speck
4 Frühlingszwiebeln
2 EL Olivenöl
Salz
1 TL Zucker*

**GETRÄNKETIP**

*roter Landwein,
z.B. Montepulciano d'Abruzzo
(2–3jährig)*

# PISELLI CON GUANCIALE

## GRÜNE ERBSEN MIT SPECK

**1•** Die Erbsen enthülsen. Den Speck in winzig kleine Würfel schneiden. Die Frühlingszwiebeln putzen, waschen und zusammen mit dem zarten Teil des Grüns ebenfalls sehr fein schneiden. Speck und Frühlingszwiebeln im Olivenöl andünsten.

**2•** Die Erbsen dazugeben und kurz mitdünsten. 2 Eßlöffel Wasser hinzufügen und mit wenig Salz und dem Zucker würzen.

**3•** Die Erbsen für 20 bis 25 Minuten zugedeckt bei schwacher Hitze garen. Sollte das Wasser nicht ganz verdunstet sein, die Erbsen noch für kurze Zeit ohne Deckel garen lassen.

# PIZZA DOLCE

## SÜSSE PIZZA

**1•** Die Eier trennen. Die Eigelbe in einer Schüssel zusammen mit dem Zucker kräftig verrühren, bis eine weißliche Creme entsteht. Die Butter bei schwacher Hitze zerfließen lassen und unter Rühren zur Ei-Zucker-Masse geben. Nun das Mehl mit dem Backpulver mischen und zusammen mit der zerbröckelten Hefe, dem Öl, der Milch und der Orangenschale und etwas Salz darunterrühren. Die Eiweiße steifschlagen und unter den Teig ziehen.

**2•** Den Backofen auf 180°C vorheizen. Ein Backblech mit der Butter einfetten und mit Paniermehl bestreuen. Den Teig auf das vorbereitete Blech geben und gleichmäßig darauf verteilen. Dann den Teig auf der mittleren Schiene des Backofens etwa 30 Minuten backen.

**3•** Die süße Pizza aus dem Ofen nehmen, mit Puderzucker bestreuen und lauwarm oder kalt (aber noch frischgebacken) servieren.

Stammt aus Umbrien
Arbeitsaufwand: ca. 30 Min.
Backzeit: ca. 30 Min.

**Für 4 Personen**

3 frische Eier
150 g Zucker
50 g Butter
200 g Mehl
½ P. Backpulver
20 g frische Hefe
(½ Würfel)
4 EL Olivenöl
⅛ l Milch
½ TL abgeriebene
unbehandelte Orangenschale
Salz
Butter für das Backblech
2–3 EL Paniermehl
Puderzucker zum Bestreuen

# Kampanien, Basilicata, Kalabrien und Apulien

## Kampanien, Basilicata, Kalabrien und Apulien

Lebenslustig, temperamentvoll und überschwenglich – so geben sich Kampresen und Apulier, zurückhaltend, bescheiden und eher etwas wortkarg wirken dagegen die Bewohner der Basilicata und Kalabriens. Doch eines haben sie gemeinsam: ihre Vorliebe für gutes Essen und die Begabung, auch aus einfachen Zutaten wahre Gaumenfreuden zaubern zu können.

# Mehr als nur Pizza und Pasta

*Kampanien, Basilicata, Kalabrien, Apulien*

*Stammt allgemein aus Italien
Arbeitsaufwand: ca. 15 Min.*

**Für 4 Personen**

*4 gleichmäßig große Tomaten
300 g Mozzarella (ital.
Frischkäse)
1 Bund großblättriges
Basilikum
Salz, Pfeffer aus der Mühle
2 EL kaltgepreßtes Olivenöl*

• *Sie können das Ganze nach Belieben mit etwas Balsamicoessig beträufeln.*

**TIP**

# POMODORI E MOZZARELLA (CAPRESE)

**TOMATEN MIT MOZZARELLA**

1• Die Tomaten waschen, die Stielansätze entfernen und die Tomaten in etwa ½ cm dicke Scheiben schneiden.

2• Den Mozzarella gut abtropfen lassen und ebenfalls in Scheiben schneiden.

3• Auf einer runden Platte abwechselnd Tomaten- und Mozzarellascheiben kreisförmig anordnen. Je 1 Basilikumblatt auf 1 Mozzarellascheibe legen.

4• Alles mit wenig Salz und reichlich frisch gemahlenem Pfeffer bestreuen und mit dem Olivenöl beträufeln.

**GETRÄNKETIP**

leichter Rotwein oder Roséwein, z.B. Sangiovese di Romagna oder Cerasuolo (Abruzzen) (1–3jährig)

# MOZZARELLA FRITTA

## GEBACKENER MOZZARELLA

**1•** Den Mozzarella abtropfen lassen und in 8 gleich dicke Scheiben schneiden. Diese im Mehl wenden und mit Salz und Pfeffer würzen.

**2•** Die Eier miteinander verquirlen und die Scheiben beidseitig durch das Ei ziehen.

**3•** Das Paniermehl auf einen flachen Teller geben. Die Käsescheiben von beiden Seiten darin panieren. Die Panade fest andrücken.

**4•** Das Öl oder Fritierfett in einer Friteuse auf etwa 180°C erhitzen.

**5•** Die Mozzarellascheiben darin portionsweise goldgelb fritieren. Sie auf Küchenpapier abtropfen lassen und sofort heiß servieren.

### Variation

• In Neapel ißt man gerne „Mozzarella in carozza" („Mozzarella in der Kutsche"). Dazu die Mozzarellascheiben salzen und pfeffern und mit jeweils 1 bis 2 Sardellenfilets belegen. Die Käsescheiben zwischen 2 entrindete Scheiben Toastbrot legen und durch 1 verquirltes Ei ziehen. Das Sandwich dann in der Pfanne backen.

Stammt aus Kampanien
Arbeitsaufwand: ca. 20 Min.
Backzeit: ca. 20 Min.

**Für 4 Personen**

300 g Mozzarella (ital. Frischkäse)
2–3 EL Mehl
Salz, Pfeffer aus der Mühle
2 frische Eier
100 g Paniermehl
Öl oder Fritierfett zum Ausbacken

### GETRÄNKETIP

trockener Weißwein,
z.B. Fiano di Avellino
oder Greco di Tufo
(2–3jährig)

*Stammt aus Kampanien
Arbeitsaufwand: ca. 40 Min.
Zeit zum Gehen: ca. 2 Std.
Backzeit: ca. 20 Min.*

**Für 4 Personen**

*Für den Pizzateig:
(Grundrezept für 2 Pizzen
à 28 cm ø):
500 g Mehl
30 g frische Hefe ($^3/_4$ Würfel)
$^1/_4$ l lauwarmes Wasser
$^1/_2$ TL Zucker, 1 EL Salz*

*Für den Belag:
3 vollreife Fleischtomaten
5 EL Olivenöl
Salz, Pfeffer aus der Mühle
300 g Mozzarella di bufala
(ital. Frischkäse aus
Büffelmilch)
6–8 Sardellenfilets
(aus dem Glas)
6 kleinzerzupfte Basilikumblätter*

*Außerdem:
etwas Mehl zum Ausrollen
Öl für das Blech*

### GetränkeTip

*Roséwein aus Süditalien,
z.B. Rosa del Golfo oder
Ravello rosato*

• *Pizzateig sollte bei großer Hitze
gebacken werden, damit er knusprig
wird. Heizen Sie daher Ihren
Backofen auf die höchste Temperatur vor. Ideal ist eine Temperatur
zwischen 275°C und 300°C.*

# PIZZA ALLA NAPOLETANA
## PIZZA NACH ART VON NEAPEL

**1•** Für den Pizzateig das Mehl in eine große Teigschüssel sieben und in der Mitte eine Mulde bilden.

**2•** Die Hefe leicht zerbröckeln und in die Mulde hineingeben. Sie mit 3 Eßlöffeln Wasser, Zucker und Salz auflösen und alles mit etwas Mehl vom Rand zu einem weichen Vorteig verrühren. Den Vorteig abgedeckt bei Zimmertemperatur ungefähr 30 Minuten gehen lassen.

**3•** Danach das restliche Mehl unter den Vorteig kneten und dabei das lauwarme Wasser nach und nach dazugeben. Den Teig dann etwa 10 Minuten lang auf einer bemehlten Arbeitsfläche von Hand kräftig kneten. Ihn dabei mehrmals auf die Arbeitsfläche schlagen und immer wieder zur Kugel zusammenformen. Der Teig soll danach glatt und elastisch sein.

**4•** Aus dem Teig 2 gleich große Kugeln formen. Jede Kugel in eine Schüssel legen und mit einem Küchentuch abgedeckt nochmals etwa 1½ Stunden bei Zimmertemperatur gehen lassen. Dabei soll sich das Teigvolumen verdoppeln.

**5•** Inzwischen den Belag vorbereiten. Dazu die Tomaten kreuzweise einschneiden, für etwa 15 Sekunden in kochendes Wasser geben, sofort abschrecken und enthäuten. Die Tomaten dann halbieren, entkernen, ausdrücken und in kleine Würfel schneiden.

**6•** Die Tomaten in 2 Eßlöffeln Öl andünsten, salzen und pfeffern. Sie bis zur Weiterverwendung beiseite stellen. Den Mozzarella abtropfen lassen und in feine Scheiben schneiden.

**7•** Nun den Backofen bis zur maximalen Temperatur (siehe Tip) vorheizen und 2 große Backbleche dünn mit dem Öl bepinseln.

**8•** Die beiden Teigkugeln auf eine bemehlte Arbeitsfläche geben. Sie jeweils etwas flachdrücken und mit dem Nudelholz zu etwa ½ cm dicken, runden Fladen (etwa 28 cm ø) ausrollen. Die Ränder mit den Händen etwas hochziehen.

**9•** Dann die Fladen auf die Bleche legen und mit den vorbereiteten Zutaten belegen. Zunächst die Tomatenwürfel gleichmäßig auf dem Boden verteilen. Die Mozzarellascheiben und dann die Sardellenfilets darauf geben. Dabei den erhöhten Rand frei lassen.

**10•** Zum Schluß das Basilikum auf dem Belag verteilen, etwas Pfeffer darauf mahlen und alles mit den restlichen 3 Eßlöffeln Öl beträufeln.

**11•** Die Pizzen entweder zusammen oder nacheinander auf der mittleren Schiene in 15 bis 20 Minuten knusprig backen.

### Variation

• Wie vielfältig Sie die Pizza belegen können, sehen Sie auf der nächsten Doppelseite.

Kampanien, Basilicata,
Kalabrien
und Apulien

# PIZZAVARIATIONEN

### PIZZA
### DEL RE

*Stammt aus der Gegend um Neapel*

1• Einen Pizzateig nach der Zubereitungsanweisung (S. 98, Schritte 1 bis 4) herstellen. Während der Gehzeit den Belag vorbereiten.

2• Dazu etwa 200 g Artischockenherzen (aus dem Glas) vierteln, 150 g gekochten Schinken in kleine Würfel und 8 schwarze Oliven ohne Stein in feine Streifen schneiden. 2 frische Tomaten waschen und in Scheiben schneiden.

3• Den Teig zum Backen, wie auf Seite 98 (Schritte 8 und 9) beschrieben, vorbereiten. Auf die Böden dann 100 g Parmesan streuen, die vorbereiteten Zutaten darauf verteilen und die Pizzen auf der mittleren Schiene etwa 20 Minuten backen.
(auf dem Foto: links unten)

### PIZZA
### CON FUNGHI

**PIZZA
MIT PILZEN**

*Stammt aus der Gegend um Neapel*

1• Einen Pizzateig nach der Zubereitungsanweisung (S. 98, Schritte 1 bis 4) herstellen. Während der Gehzeit den Belag vorbereiten.

2• Dazu 200 g Champignons, Steinpilze oder Pfifferlinge putzen und in feine Scheiben schneiden. 4 geschälte Tomaten (aus der Dose) entkernen und würfeln. Die Pilze in 3 Eßlöffeln Öl dünsten, bis die austretende Flüssigkeit verdampft ist. Sie aus der Pfanne nehmen und darin die Tomatenwürfel in 2 Eßlöffeln Öl etwa 5 Minuten andünsten. 200 g Mozzarella in Scheiben schneiden.

3• Den Teig zum Backen, wie auf Seite 98 (Schritte 8 und 9) beschrieben, vorbereiten. Die Böden dann mit den vorbereiteten Zutaten belegen. Zum Schluß Pfeffer und 4 Eßlöffel Olivenöl auf die Pizzen geben und sie auf der mittleren Schiene etwa 20 Minuten backen.
(auf dem Foto: Mitte)

### PIZZA
### ALLA PERUGINA

**PIZZA NACH DER
ART VON PERUGIA**

*Stammt aus der Gegend um Perugia (Umbrien)*

1• Einen Pizzateig nach der Zubereitungsanweisung (S. 98, Schritte 1 bis 4) herstellen. Während der Gehzeit den Belag vorbereiten.

2• Dazu 100 g gekochten Schinken in kleine Würfel und 150 g Schafskäse (z.B. frischen Pecorino) in dünne Scheiben schneiden. 3 frische Eier mit 150 ml Milch und 50 g geriebenem Parmesan verquirlen und mit Salz und Pfeffer würzen.

3• Den Backofen auf die maximale Temperatur vorheizen und 2 runde Küchenbleche (etwa 28 cm ø) einfetten. Die Teigkugeln ausrollen, auf die Bleche legen und einen Rand hochziehen.

4• Schinken und Schafskäse auf den Böden verteilen, die Eiermasse darauf gießen und einige Butterflöckchen darauf setzen. Die Pizzen auf der mittleren Schiene etwa 25 Minuten backen.
(auf dem Foto: rechts oben)

• Sie können die Pizza nach dem Backen mit „olio santo" (Olivenöl mit feingehackten Peperoncini) beträufeln. Dadurch bekommt der Belag eine pikante Note.

*Stammt aus Kampanien*
*Arbeitsaufwand: ca. 40 Min.*
*Zeit zum Gehen: ca. 2 Std.*
*Backzeit: 30–35 Min.*

**Für 4 Personen**

*1 Grundrezept Pizzateig (S. 98)*
*100 g Eskariol*
*(eine ital. Endivienart)*
*oder Endiviensalat*
*2 EL Olivenöl*
*1 Knoblauchzehe*
*6 Sardellenfilets (aus dem Glas)*
*6 schwarze Oliven*
*1 EL Kapern*
*2 EL Rosinen*
*2 frische Eigelbe*
*Salz, Pfeffer aus der Mühle*
*etwas Mehl zum Ausrollen*
*Öl für das Blech*

┌─ **GETRÄNKETIP** ─┐

*Rotwein, z.B. Lacrima Christi*

# CALZONE

## NEAPOLITANISCHE KRAPFEN

1• Einen Pizzateig (S. 98, Schritte 1 bis 4) zubereiten. Die Salatblätter kurz überbrühen, abtropfen lassen und in feine Streifen schneiden. Im Öl kurz andünsten. Den Knoblauch schälen, fein würfeln und mitdünsten. Das Ganze abkühlen lassen.

2• Die Sardellenfilets kleinschneiden, die Oliven entsteinen, fein würfeln und mit Kapern zum Salat geben.

3• Die Rosinen und 1 Eigelb darunterrühren. Mit Salz und Pfeffer abschmecken.

4• Den Teig auf einer bemehlten Arbeitsfläche etwa 1/2 cm dick ausrollen. Kreise von etwa 12 cm ø ausstechen.

5• Den Backofen auf 200°C vorheizen und ein Backblech mit Öl einfetten. Die Füllung portionsweise auf jeweils eine Teighälfte geben. Die andere darüberklappen und die Ränder fest andrücken.

6• Die Krapfen mit verquirltem Eigelb bestreichen, auf das Blech setzen und auf der mittleren Schiene 30 bis 35 Minuten goldbraun backen.

# SPAGHETTI CON SALSA DI POMODORO CRUDO

## SPAGHETTI MIT ROHER TOMATENSAUCE

**1•** Die Tomaten halbieren, die Kerne und etwas Saft ausdrücken. Dann das Tomatenfleisch kleinschneiden.

**2•** Die Knoblauchzehe schälen und durch die Presse drücken. Die Tomatenstücke mit dem Knoblauch und dem Öl mischen und alles 1 bis 2 Stunden an einem kühlen Ort durchziehen lassen.

**3•** Danach die Sauce durch ein feinmaschiges Sieb drücken oder im Mixer pürieren und abschließend mit Salz und Pfeffer abschmecken.

**4•** Die Spaghetti in reichlich Salzwasser in etwa 10 Minuten „al dente" kochen. Sie in einem Sieb abtropfen lassen und mit der Sauce mischen.

Stammt aus Kampanien
Arbeitsaufwand: ca. 30 Min.
Zeit zum Durchziehen: 1–2 Std.

**Für 4 Personen**

*Für die Sauce:*
*1 kg reife, geschälte Tomaten*
*1 Knoblauchzehe*
*6–7 EL kaltgepreßtes Olivenöl*
*Salz, Pfeffer aus der Mühle*

*Außerdem:*
*400 g Spaghetti*

### GETRÄNKETIP

trockener Rosé,
z.B. Ravello Rosa (1–2jährig)

# MALTAGLIATI CON BROCCOLI

## „SCHLECHT GESCHNITTENE" NUDELN MIT BROKKOLI

*Stammt aus Apulien
Arbeitsaufwand: ca. 40 Min.
Garzeit: ca. 15 Min.
Ruhezeit des Teiges: ca. 1 Std.*

**Für 4 Personen**

*1 Grundrezept Nudelteig
(S. 82)
300 g Brokkoli
50 g gedörrte Tomaten (in Öl
eingelegt, siehe Tip)
4 Sardellenfilets (aus dem Glas)
2 Knoblauchzehen
4 EL Olivenöl
1 EL gehacktes Basilikum
etwas schwarzer Pfeffer
aus der Mühle*

• *In Öl eingelegte gedörrte Tomaten
haben einen sehr intensiven, wun-
derbaren Geschmack. Sie sind in
italienischen Lebensmittelgeschäf-
ten oder in Feinkostabteilungen von
Warenhäusern erhältlich.*

## GETRÄNKETIP

*trockener Rotwein,
z.B. Salice Salentino
(3–5jährig)*

1• Den Nudelteig nach der Zubereitungsanweisung (S. 82) zubereiten und etwa 1 Stunde ruhen lassen. Inzwischen den Brokkoli putzen, dabei die harten Strünke entfernen und die zarten belassen.
Den Brokkoli nun waschen, in
Röschen teilen und die zarten
Strünke etwas zerkleinern. Die
Hälfte der Röschen in 1 l Salzwasser bißfest garen. Sie mit Hilfe
eines Schaumlöffels herausnehmen
und beiseite stellen.

2• Das Wasser wieder aufkochen
lassen, die restlichen Röschen und
die zarten Strünke kurz blanchieren und aus dem Wasser nehmen.

3• Die gedörrten Tomaten abtropfen lassen und kleinschneiden. Die
Sardellenfilets fein hacken.

4• Die Knoblauchzehen schälen,
längs halbieren, eventuell den grünen Keim entfernen und dann in
sehr feine Scheiben schneiden.

5• Den Nudelteig nach der Ruhezeit in 2 bis 3 Stücke teilen. Jedes
Stück etwa ½ cm dick ausrollen
und in 3 bis 4 cm breite Streifen
schneiden. Diese dann mit Hilfe
einer mechanischen Nudelmaschine
oder mit dem Nudelholz dünn ausrollen, in 4 cm lange Rechtecke
schneiden und diese schräg halbieren. Es sollen unregelmäßige, Teigstücke entstehen.

6• Das Öl erhitzen und darin die
gedörrten Tomaten zusammen mit
den blanchierten Brokkoliröschen
und -stielen, den Knoblauch-
scheibchen und dem Basilikum
kurz andünsten. 3 Eßlöffel heißes
Wasser dazugeben und alles etwa
10 Minuten ziehen lassen.

7• Dann die Sardellen hinzufügen,
alles mit Pfeffer abschmecken und
nochmals kurz erwärmen.

8• Die Nudeln in leicht gesalzenem Wasser 2 bis 3 Minuten al
dente kochen und abgießen.

9• Die warme Sauce auf die Maltagliati geben und diese mit den
beiseitegestellten Brokkoliröschen
garnieren.

# SPALLA D'AGNELLO CON MELANZANE

## LAMMSCHULTER MIT AUBERGINEN

*Stammt aus Kalabrien*
*Arbeitsaufwand: ca. 45 Min.*
*Garzeit: ca. 1 1/4 Std.*

**Für 4 Personen**

*2 Zwiebeln*
*2 Knoblauchzehen*
*6 vollreife Fleischtomaten*
*750 g ausgelöste Lammschulter*
*gehackte Knochen vom*
*Schulterstück*
*4 EL Olivenöl*
*1 Prise Zucker*
*4 EL Fleischbrühe*
*1/2 TL gehackter Oregano*
*300 g Auberginen*
*Salz, Pfeffer aus der Mühle*

*TIP*

*• Auberginen neigen dazu, beim Braten in Öl viel Fett aufzusaugen. Sie sollten die gebratenen Scheiben vor dem Servieren auf Küchenpapier legen und etwas plattdrücken, damit das Fett abtropfen kann.*

**1•** Die Zwiebeln und den Knoblauch schälen und grob würfeln.

**2•** Die Tomaten über Kreuz einschneiden und für etwa 15 Sekunden in kochendes Wasser geben. Sie dann sofort mit kaltem Wasser abschrecken und enthäuten. Die Tomaten halbieren, den Saft und die Kerne herausdrücken.

**3•** Das Lammfleisch in Würfel schneiden und zusammen mit den Knochen in 2 Eßlöffeln Öl von allen Seiten kräftig anbraten.

**4•** Nun die Zwiebeln und den Knoblauch zum Fleisch geben und Farbe annehmen lassen. Die Tomaten sowie den Zucker dazugeben und alles andünsten.

**5•** Dann das Ganze mit der Fleischbrühe ablöschen und den Oregano dazugeben. Das Fleisch etwa 50 Minuten bei schwacher Hitze zugedeckt schmoren lassen.

**6•** Inzwischen die Auberginen waschen und in etwa 1 cm dicke Scheiben schneiden. Diese in ein feinmaschiges Sieb legen, großzügig mit Salz bestreuen und ungefähr 10 Minuten ziehen lassen.

**7•** Dann das Salz mit kaltem Wasser von den Scheiben abspülen und sie mit Küchenpapier trockentupfen.

**8•** Die restlichen 2 Eßlöffel Öl erhitzen und die Auberginenscheiben

darin von beiden Seiten leicht anbraten. Anschließend die Auberginen pfeffern und bis zur Weiterverwendung auf Küchenpapier abtropfen lassen (siehe Tip).

**9•** Etwa 5 Minuten vor Ende der Schmorzeit die Knochen aus dem Topf nehmen und die Auberginenscheiben auf das Fleisch legen. Alles mit Salz und Pfeffer würzen und noch einmal aufkochen.

**10•** Das Gericht entweder im Schmortopf oder in einer rustikalen Schüssel servieren.

**GETRÄNKETIP**

*trockener, schwerer Rotwein, z.B. Anglianico del Vulture (5–10jährig)*

**Kampanien, Basilicata, Kalabrien und Apulien**

# BRACIOLA DI MANZO ALLA NAPOLITANA

## GEFÜLLTE RINDFLEISCHRÖLLCHEN

*Stammt aus Kampanien (Neapel)*
*Arbeitsaufwand: ca. 30 Min.*
*Garzeit: ca. 40 Min.*

**Für 4 Personen**

*Für die Füllung:*
*120 g Provolone*
*(kugelförmiger Käse aus Süditalien)*
*2 Knoblauchzehen*
*75 g Pinienkerne*
*60 g Sultaninen*
*2 EL Paniermehl*
*2 EL gehackte Petersilie*
*2 EL gehacktes Basilikum*
*1 frisches Ei*
*Salz, Pfeffer aus der Mühle*

*Für das Fleisch:*
*800 g Rindfleisch*
*(Filet oder Hüfte) oder*
*4 Rinderrouladen à ca. 200 g*
*3–4 EL Mehl*
*Salz, Pfeffer aus der Mühle*
*5 EL Olivenöl*
*1 Rosmarinzweig*
*1 Lorbeerblatt*
*200 ml Rotwein*
*500 g geschälte Tomaten*
*(aus der Dose)*

*Außerdem:*
*Küchenschnur*
*oder 4 Rouladennadeln*

**1•** Den Provolone in kleine Würfel schneiden, den Knoblauch schälen und durch die Presse drücken. Beides zusammen mit den Pinienkernen, Sultaninen, Paniermehl, Petersilie und Basilikum in eine Schüssel geben.

**2•** Das Ei verquirlen und dazugeben. Alles mit Salz und Pfeffer würzen und miteinander mischen.

**3•** Aus dem Fleischstück 4 dünne Scheiben schneiden und diese etwas flachklopfen. Die Fleischscheiben oder die Rouladen ausbreiten und leicht bemehlen. Jede Scheibe mit 1 Eßlöffel der Füllung bestreichen, dann seitlich einschlagen, damit die Füllung beim Garen nicht herausquillt. Die Scheiben nun aufrollen und die Fleischröllchen mit Küchenschnur zubinden oder mit Rouladennadeln fixieren. Die Fleischröllchen außen mit Salz und Pfeffer einreiben.

**4•** Das Olivenöl erhitzen. Den Rosmarinzweig und das Lorbeerblatt dazugeben und die Fleischröllchen bei mäßiger Hitze von allen Seiten im Fett braun anbraten.

**5•** Danach die Rindfleischröllchen mit dem Wein ablöschen und kochen lassen, bis die Flüssigkeit etwas eingekocht ist.

**6•** In der Zwischenzeit die geschälten Tomaten entkernen, etwas zerkleinern und zum Fleisch geben. Nun das Ganze zugedeckt bei schwacher Hitze etwa 30 Minuten schmoren lassen.

**7•** Danach das Lorbeerblatt aus der Sauce nehmen und diese durch ein feinmaschiges Sieb geben. Die Sauce mit Salz und Pfeffer abschmecken und zu den Röllchen servieren.

## GETRÄNKETIP

*trockener, schwerer Rotwein, z.B. Taurasi Riserva (7–10jährig)*

*Stammt aus Kampanien*
*Arbeitsaufwand: ca. 15 Min.*
*Garzeit: ca. 20 Min.*

**Für 4 Personen**

*200 g Ricotta (ital. Frischkäse)*
*6 EL Milch*
*8 frische Eier*
*4 EL gehackte glatte Petersilie*
*Salz, Pfeffer aus der Mühle*
*4 mittelgroße Zucchini*
*6 kleine, feste Strauchtomaten*
*5–6 EL Olivenöl*

TIP

*• Achten Sie darauf, daß die erste Frittata nicht zu trocken wird, während die zweite gebacken wird. Am besten bereitet man beide gleichzeitig in 2 Bratpfannen zu.*

# FRITTATA CON RICOTTA

## PFANNKUCHEN MIT RICOTTA

**1•** Den Ricotta durch ein Sieb streichen und mit der Milch und den Eiern verrühren. Die Petersilie daruntermischen und die Frittatamasse salzen und pfeffern. Zucchini und Tomaten waschen und in Scheiben schneiden.

**2•** Die Zucchinischeiben salzen und pfeffern und in 3 Eßlöffeln Öl in etwa 5 Minuten dünsten. Sie dann aus dem Topf nehmen, auf einem Gitter abtropfen lassen.

**3•** Die Tomaten mit Salz und Pfeffer bestreuen und im gleichen Öl kurz andünsten. Sie dann herausnehmen.

**4•** Etwa 1 Eßlöffel Öl in einer großen Pfanne erhitzen und die Hälfte der Frittatamasse hineingeben. Sobald die Masse am Rand stockt, die Hälfte der gedünsteten Zucchini- und Tomatenscheiben auf der Frittata verteilen und erwärmen.

**5•** Die Frittata wenden und auf der anderen Seite fertigbacken. Die Frittata bis zum Servieren warm stellen. Eine zweite Frittata auf die gleiche Weise zubereiten. Die 2 Frittate jeweils halbieren und dann sofort servieren.

# SEMIFREDDO ALL'AMARETTO CON FICHI

## AMARETTOPARFAIT MIT FEIGEN

1• Die Eier und das Eigelb mit dem Zucker in einem warmen Wasserbad cremig rühren und nach und nach den Amaretto dazugeben.

2• Die Sahne zusammen mit dem Vanillezucker steifschlagen und unter die Eiercreme ziehen. Die Creme in 4 Förmchen (je 200 ml Inhalt) geben und für 2 bis 3 Stunden gefrieren lassen.

3• Inzwischen die Feigen waschen, vorsichtig abtrocknen und in Spalten schneiden. Sie zusammen mit

dem Cognac und 1 Eßlöffel Zucker ungefähr 1 Stunde marinieren. Ab und zu wenden.

4• Die Himbeeren waschen und trockentupfen. Sie für etwa 30 Minuten in Zucker und Zitronensaft durchziehen lassen. Dann alles durch ein Sieb streichen.

5• Die Förmchen mit dem Parfait kurz in warmes Wasser tauchen und es auf 4 Teller stürzen. Mit den Feigen und der Himbeersauce garnieren.

*Stammt aus Kalabrien*
*Arbeitsaufwand: ca. 25 Min.*
*Kühlzeit: 2–3 Std.*
*Marinierzeit: ca. 1 Std.*

**Für 4 Personen**

*Für das Parfait:*
*2 frische Eier*
*1 frisches Eigelb*
*80 g Zucker*
*3 EL Amaretto (ital. Likör)*
*300 g Sahne*
*1 EL Vanillezucker*

*Für die Feigen:*
*4 reife Feigen*
*2 EL Cognac*
*1 EL Zucker*

*Für die Himbeersauce:*
*200 g Himbeeren*
*2 EL Zucker*
*1 EL Zitronensaft*

# SIZILIEN UND SARDINIEN

*Paradies kulinarischer
Inselschätze*

# Sizilien und Sardinien

Man nehme ein bißchen phönizische Kochkunst, würze sie mit einem Hauch arabischer und afrikanischer Einflüsse, gebe noch ein paar römische und spanische Nuancen dazu und verknete alles mit den üppig wachsenden heimischen Produkten. Das Ergebnis ist die bodenständige, aber dennoch ausgesprochen raffinierte Küche der beiden Inseln Sizilien und Sardinien.

**Sizilien und Sardinien**

# INSALATA DI FINOCCHIO ED ARANCE

## FENCHELSALAT MIT ORANGEN

Stammt aus Sizilien
Arbeitsaufwand: ca. 25 Min.
Marinierzeit: ca. 10 Min.

**Für 4 Personen**

2 große Fenchelknollen
(ca. 500 g)
2 unbehandelte Orangen
$^1/_4$ l Wasser
4 EL Zitronensaft
Salz, Pfeffer aus der Mühle
4 EL kaltgepreßtes Olivenöl
1 EL gehobelte Haselnüsse

*TIPS*

• *Aromatischer werden die Hasel-
nußscheibchen, wenn Sie sie in einer
trockenen Pfanne kurz rösten.*

• *Mit einem speziellen Zestenreißer
läßt sich die Schale von Zitrus-
früchten in gleichmäßig feinen
Streifen mühelos abziehen.*

**1•** Die Fenchelknollen putzen, dabei die unschönen Außenblätter
entfernen und 4 große Blätter beiseite legen. Die restlichen Blätter
waschen und in feine Streifen
schneiden.

**2•** Von 1 Orange (gut gewaschen)
die Schale in feinen Streifen abziehen. Diese in einem kleinen Topf
zusammen mit dem Wasser etwa
4 Minuten kochen, abschrecken
und in einem Sieb abtropfen lassen.

**3•** Beide Orangen mit einem Messer schälen und die Filets aus den
Trennhäuten herausschneiden.

**4•** Für die Marinade den Saft aus
den Häuten herauspressen, ihn mit
dem Zitronensaft mischen und
alles mit Salz und Pfeffer würzen.
Nun das Olivenöl darunterrühren.

**5•** Die Fenchelstreifen in der Sauce wenden und etwa 10 Minuten
darin marinieren. Anschließend die
Orangenfilets vorsichtig daruntermischen.

**6•** Den Fenchel-Orangen-Salat in
den beiseite gelegten, gewaschenen Fenchelblättern auf Tellern
anrichten. Den Salat zum Schluß
mit den Haselnußscheiben und
den Orangenschalenstreifen
bestreuen.

**GETRÄNKETIP**

trockener Weißwein,
z.B. Terre di Ginestra
(1–2jährig)

*Stammt aus Sizilien*
*Arbeitsaufwand: ca. 10 Min.*
*Garzeit: ca. 20 Min.*

**Für 4 Personen**

*100 g Zucker*
*200 ml Weißwein*
*300 ml Malvasia delle Lipari*
*(ital. Dessertwein)*
*300 ml Hühnerbrühe*
*1 TL Speisestärke*
*1 EL Wasser*
*Saft von 1 Zitrone*
*1 Prise Cayennepfeffer*
*Salz*
*200 g Sahne*
*2 EL Butter*

# ZUPPA
# AL VINO DOLCE SALINA

## SÜSSE WEINCREMESUPPE

1• Den Zucker zusammen mit dem Weißwein zur Hälfte einkochen lassen und anschließend mit 200 ml Malvasia und der Hühnerbrühe auffüllen.

2• Die Speisestärke mit 1 Eßlöffel Wasser verrühren, zur Flüssigkeit geben und alles 5 bis 10 Minuten kochen lassen.

3• Die Suppe mit Zitronensaft, Cayennepfeffer und wenig Salz abschmecken.

4• Die Sahne und den restlichen Malvasia dazugeben und die Suppe noch einmal aufkochen.

5• Vor dem Servieren die Butter in Flöckchen unter die nicht mehr kochende Suppe ziehen.

### GETRÄNKETIP

*trockener Weißwein,*
*z.B. Corvo Bianco*
*(1–3jährig)*

# MINESTRA DI FINOCCHIO

## FENCHELSUPPE

**1•** Die Schalotten schälen und fein würfeln. Die Fenchelknollen putzen, waschen und in Scheiben schneiden. Etwas Fenchelkraut für die Garnitur beiseite legen.

**2•** Die Schalotten im Olivenöl andünsten. Den Fenchel dazugeben und kurz mitdünsten. Nun die Brühe dazugießen und die Suppe für etwa 30 Minuten bei schwacher Hitze kochen.

**3•** Anschließend das Gemüse durch das Passiergerät drehen oder mit dem Stabmixer pürieren. Das

pürierte Gemüse zusammen mit der Brühe nochmals aufkochen und mit Salz und Pfeffer abschmecken.

**4•** Die Suppe in Suppenteller geben und mit etwas gehackter Petersilie und dem Fenchelkraut bestreuen.

┌─ **GETRÄNKETIP** ─┐

trockener Rotwein,
z.B. Cannonau di Sardegna
(3–5jährig)

Stammt aus Sardinien
Arbeitsaufwand: ca. 20 Min.
Garzeit: ca. 35 Min.

**Für 4 Personen**

3 Schalotten
3 Fenchelknollen (ca. 600 g)
1 EL Olivenöl
1 l Gemüse- oder Fleischbrühe
Salz, Pfeffer aus der Mühle
2 EL gehackte Petersilie

• *Servieren Sie zu dieser Suppe mit Knoblauchbutter bestrichenes italienisches Weißbrot, frisch aus dem Ofen.*

# ARANCINE DI RISO

## SIZILIANISCHE REISKUGELN

*Stammt aus Sizilien*
*Arbeitsaufwand: ca. 40 Min.*
*Garzeit: ca. 40 Min.*

**Für 4 Personen**

*Für die Reiskugeln:*
*300 g Rundkornreis*
*(z.B. Vialone)*
*50 g Butter*
*1 Prise Safran*
*3 EL geriebener Parmesan*
*1 frisches Ei*
*Salz*

*Für die Füllung:*
*100 g Hühnerleber*
*1/2 kleine Zwiebel*
*1 Knoblauchzehe*
*2 EL Olivenöl*
*2 EL Butter*
*75 g Kalbshackfleisch*
*120 g frische grüne Erbsen*
*(enthülst)*
*1 EL Tomatenmark*
*je 1/2 TL gehackte Petersilie,*
*Basilikum und Stangensellerie*
*ca. 150 ml Hühnerbrühe*
*Salz, Pfeffer aus der Mühle*

*Außerdem:*
*Öl oder Fritierfett zum*
*Ausbacken*
*2 frische Eier*
*2–3 EL Mehl*
*50 g Paniermehl*

• *Sie können für die Füllung auch* **TIP** *gebratene Geflügelfleischstücke verwenden.*

**1•** Den Reis in Salzwasser etwa 10 Minuten kochen, ihn dann abgießen und abkühlen lassen.

**2•** Anschließend den Reis mit Butter, Safran, Parmesan und dem Ei vermengen. Die Masse abkühlen lassen und bis zur Weiterverwendung kühl stellen.

**3•** Die Hühnerleber putzen und in feine Stücke schneiden.

**4•** Die Zwiebel und den Knoblauch schälen und fein würfeln. Das Öl und die Butter in einem Topf erhitzen und die Zwiebel sowie den Knoblauch darin andünsten.

**5•** Die Hühnerleber, das Kalbshackfleisch und die Erbsen dazugeben und kurz mitdünsten.

**6•** Nun das Tomatenmark und die Kräuter dazugeben und die Brühe angießen. Das Ganze 10 bis 15 Minuten bei schwacher Hitze kochen und anschließend mit Salz und Pfeffer abschmecken.

**7•** Aus der Reismasse Kugeln in einer Größe von Mandarinen formen. In die Mitte jeder Kugel mit dem Finger eine Vertiefung drücken und etwas Fleischfüllung hineingeben. Die Öffnung wieder verschließen.

**8•** In einem hohen Topf oder in der Friteuse das Fett erhitzen. Die Eier verquirlen. Die Kugeln nacheinander im Mehl und in den Eiern wenden und dann mit dem Paniermehl panieren.

**9•** Sie im heißen Fritierfett schwimmend ausbacken, bis sie goldgelb und knusprig sind.

**GETRÄNKETIP**

trockener Roséwein,
z.B. Regaleali Rosato
(1–2jährig)

# FILETTO DI MANZO ALLA SARDA

## RINDERFILET NACH SARDISCHER ART

*Stammt aus Sardinien
Arbeitsaufwand: ca. 35 Min.
Garzeit: ca. 40 Min.*

**Für 4 Personen**

*Für die Füllung:
1 Bund Petersilie
10 Basilikumblätter
2 Salbeiblätter
3 EL geriebener Parmesan
50 g Paniermehl
Salz, Pfeffer aus der Mühle
75 g milder sardischer Käse
(z.B. Pecorino sardo)*

*Für das Fleisch:
800 g Rinderfilet am Stück
(Mittelstück)
150 g roher Schinken
in Scheiben
2 Salbeiblätter
2 Majoranzweige
2 EL Olivenöl*

*Außerdem:
Küchenschnur oder
3–4 Rouladennadeln
100 ml trockener Rotwein*

**1•** Für die Füllung die Kräuter waschen und fein hacken. Sie dann mit dem Parmesan und dem Paniermehl vermengen und alles mit Salz und Pfeffer abschmecken.

**2•** Den Käse in fingerbreite Streifen schneiden.

**3•** Das Rinderfilet der Länge nach waagerecht tief einschneiden. Die Öffnung ausweiten und mit der Kräuter-Parmesan-Füllung sowie den Käsestreifen füllen. Die Ränder des Einschnittes fest zusammendrücken.

**4•** Das Fleisch locker in die Schinkenscheiben einwickeln und mit Küchenschnur zubinden oder die Öffnung mit den Rouladennadeln fixieren.

**5•** Den Backofen auf 180°C vorheizen. Die Salbeiblätter und die Majoranzweige in einem Bräter im

Öl erhitzen und das Fleisch darin von allen Seiten kräftig anbraten.

**6•** Den Bräter auf der untersten Schiene in den Ofen schieben und das Fleisch etwa 30 Minuten braten. Danach das Fleisch aus dem Bräter nehmen und 5 bis 10 Minuten warmgestellt ruhen lassen.

**7•** Den Wein in einem kleinen Topf aufkochen. Den Bratensaft im Bräter mit 1 bis 2 Eßlöffeln Wasser lösen und zum Wein geben. Den Fond etwas einkochen lassen.

**8•** Das Fleisch in Scheiben schneiden und zusammen mit der Sauce anrichten.

┌─ **GETRÄNKETIP** ─┐

*trockener Rotwein,
z.B. Cannonau di Sardegna
oder Monica di Sardegna
(3–5jährig)*

*Stammt aus Sardinien*
*Arbeitsaufwand: ca. 25 Min.*
*Garzeit: 15–20 Min.*

**Für 4 Personen**

*1 großer oder 2 mittelgroße*
*Wolfsbarsche*
*(Gesamtgewicht ca. 1,4 kg)*
*2 frische Eier*
*2 EL gehackte Petersilie*
*1 EL gehacktes Basilikum*
*1 TL gehackter Majoran*
*3 EL Paniermehl*
*2 EL geriebener Parmesan*
*Salz, Pfeffer aus der Mühle*
*3 EL Olivenöl*
*3–4 Salbeiblätter*

### GETRÄNKETIP

*trockener Weißwein,*
*z.B. Vermentino di Gallura*
*(1–2jährig)*

# SPIGOLA RIPIENA ALLE ERBE AROMATICHE

## WOLFSBARSCH MIT KRÄUTERFÜLLUNG

**1•** Den Fisch schuppen, ausnehmen und unter fließendem Wasser waschen. Ihn mit Küchenpapier trockentupfen und innen salzen.

**2•** Die Eier miteinander verquirlen. Petersilie, Basilikum, Majoran, Paniermehl und Parmesan mit den Eiern vermischen. Die Masse mit Salz und Pfeffer abschmecken, in die Bauchhöhle des Fisches geben und mit einem Löffel gleichmäßig verteilen.

**3•** Den Backofen auf 200°C vorheizen. Eine feuerfeste Form mit 1 Eßlöffel Olivenöl einfetten. Den gefüllten Wolfsbarsch hineingeben und mit den restlichen 2 Eßlöffeln Öl beträufeln. Die gewaschenen Salbeiblätter zum Fisch geben und alles auf der untersten Schiene im Ofen 15 bis 20 Minuten backen.

# BROCCOLI
# ALLA SICILIANA

## BROKKOLI
## NACH SIZILIANISCHER ART

*Stammt aus Sizilien*
*Arbeitsaufwand: ca. 35 Min.*
*Garzeit: 35–40 Min.*

**Für 4 Personen**

*1 kg Brokkoli*
*6 Sardellenfilets (aus dem Glas)*
*50 g schwarze Oliven ohne Stein*
*1 kleine Zwiebel*
*50 g pikanter Cacciocavallo*
*(ital. Käse aus Kuhmilch)*
*3 EL Olivenöl*
*Salz, Pfeffer aus der Mühle*
*1/8 1 Rotwein*
*4 Weißbrotscheiben*
*ohne Rinde*
*3 EL Butter*

**1•** Den Brokkoli putzen. Die Röschen und die Stiele waschen. Die Stiele in Scheiben schneiden.

**2•** Die Sardellenfilets grob hacken. Die Oliven in feine Streifen schneiden. Die Zwiebel schälen und ebenso wie den Käse kleinwürfeln. Alles miteinander vermengen.

**3•** Etwa 1 Eßlöffel Olivenöl in einen Topf geben. Nun lagenweise den Brokkoli und die Sardellenmasse hineingeben. Jede Schicht salzen, pfeffern und mit Öl beträufeln. Die letzte Schicht mit dem Wein begießen.

**4•** Das Ganze im geschlossenen Topf bei schwacher Hitze 35 bis 40 Minuten schmoren lassen, bis der Wein verdampft ist.

**5•** Die Brotscheiben vierteln und in der zerlassenen Butter rösten. Den Brokkoli mit den Croûtons auf 4 Tellern anrichten.

*TIP*

• *Wer gerne Knoblauchcroûtons mag, kann die gerösteten Brotscheiben mit einer geschälten Knoblauchzehe einreiben.*

# FRITTATE RIPIENE

## GEFÜLLTE PFANNKUCHEN

*Stammt aus Sizilien*
*Arbeitsaufwand: ca. 40 Min.*
*Ruhezeit des Teiges: ca. 30 Min.*
*Garzeit: ca. 1¹/₂ Std.*

**Für 4 Personen**

*Für den Teig:*
*90 g Mehl*
*¹/₄ l Milch*
*4 frische Eier*
*(Gewichtsklasse 2 oder 3)*
*¹/₄ TL Salz*
*1 Prise Zucker*

*Für die Füllung:*
*je 1 kleine gelbe, rote*
*und grüne Paprikaschote*
*1 kg geschälte Tomaten*
*(aus der Dose)*
*3 Zwiebeln*
*1 große Knoblauchzehe*
*5 EL Olivenöl*
*2 Sardellenfilets (aus dem Glas)*
*¹/₂ TL Rosmarinnadeln*
*2 EL glatte gehackte Petersilie*
*1 Stück unbehandelte*
*Orangenschale*
*Salz, Pfeffer aus der Mühle*
*4 EL geriebener Pecorino*
*(ital. Hartkäse aus Schafsmilch)*
*1 EL gehackter Oregano*
*150 g Thunfisch (aus der Dose)*

*Außerdem:*
*Öl für die Form*

**TIP**
• *Sie können auch 4 dünne Pfann-*
*kuchen backen, einzeln füllen, zu-*
*sammenrollen und in einer feuer-*
*festen Form mit Käse bestreut*
*überbacken.*

**1•** Das Mehl mit der Milch, den Eiern, Salz und Zucker verrühren. Den Teig etwa 30 Minuten ruhen lassen.

**2•** Inzwischen die Paprikaschoten putzen, waschen und in feine Streifen schneiden. Die Tomaten vierteln, entkernen und zerkleinern.

**3•** Die Zwiebeln und den Knoblauch schälen. Die Zwiebel in feine Würfel schneiden und den Knoblauch durch die Presse drücken. Beides in 1 Eßlöffel Öl glasig dünsten.

**4•** Die Sardellen kleinhacken und zusammen mit Tomaten, Rosmarin, Petersilie und Orangenschale zu den Zwiebeln und dem Knoblauch geben.

**5•** Alles zugedeckt bei schwacher Hitze etwa 30 Minuten schmoren lassen. Währenddessen in einem zweiten Topf die Paprikastreifen in 2 Eßlöffeln Öl andünsten und bei mittlerer Hitze etwa 15 Minuten

garen, dabei ab und zu wenden. Wenn nötig, 1 Eßlöffel Wasser dazugeben.

**6•** Die Tomatenmischung durch ein Sieb passieren und zu den Paprikaschoten geben. Alles miteinander verrühren und mit Salz, Pfeffer, 2 Eßlöffeln Pecorino und Oregano abschmecken. Den Thunfisch mit einer Gabel zerpflücken und dazugeben.

**7•** Aus dem Teig in den restlichen 2 Eßlöffeln Öl nacheinander 3 Pfannkuchen von etwa 22 cm ø backen.

**8•** Den Backofen auf 220°C vorheizen. Eine Springform (etwa 22 cm ø) mit wenig Öl einfetten. Nun schichtweise je 1 Pfannkuchen und die Hälfte der Füllung hineingeben und mit einem Pfannkuchen abschließen.

**9•** Den Pfannkuchenstapel mit dem restlichen Käse bestreuen und etwa 20 Minuten auf der mittleren Schiene im Ofen backen.

**10•** Zum Servieren den Pfannkuchenstapel wie eine Torte aufschneiden und auf große Teller verteilen.

**GETRÄNKETIP**

*trockener Rotwein,*
*z.B. Cerasuolo di Vittoria*
*(2–3jährig)*

# CASSATA SICILIANA

## SIZILIANISCHE FESTTAGSTORTE

*Stammt aus Sizilien*
*Arbeitsaufwand: ca. 1 1/2 Std.*
*Backzeit: ca. 30 Min.*
*Kühlzeit: ca. 3 Std.*

**Für eine Springform**
**(24 cm ø)**

*Für den Teig:*
*5 frische Eier*
*150 g Zucker*
*1 TL abgeriebene unbehandelte*
*Zitronenschale*
*70 g Weizenmehl*
*70 g Kartoffelstärke*
*1/2 TL Backpulver*
*80 g Butter*
*1 Prise Salz*
*Butter für die Form*
*2 EL Marsala oder Malvasia*
*(ital. Dessertweine)*

*Für die Füllung:*
*5 Blatt weiße Gelatine*
*450 g Ricotta (ital. Frischkäse)*
*oder Speisequark*
*6 EL Zucker*
*2 EL Maraschino (Kirschlikör)*
*1/2 TL Vanillemark*
*50 g dunkle Schokolade*
*(z.B. Zartbitterschokolade)*
*150 g gehackte kandierte*
*Früchte (z.B. Orangeat und*
*Zitronat)*
*100 g geröstete Mandelsplitter*
*oder gehackte ungesalzene*
*Pistazien*

*Außerdem:*
*100 g dunkle Schokolade*
*(z.B. Zartbitterschokolade)*
*2–3 EL Wasser*
*80 g Puderzucker*
*4 EL Butter*
*5 EL kandierte Früchte,*
*geschälte Mandeln*
*oder Walnußkernhälften*

**1•** Den Backofen auf 180°C vorheizen. Die Eier trennen. Die Gelatine nach der Packungsbeschreibung in kaltem Wasser einweichen. Für den Teig die Eigelbe, 100 g des Zuckers und die Zitronenschale zu einer weißlichen Creme rühren.

**2•** Das Mehl mit der Kartoffelstärke und dem Backpulver mischen und auf die Eicreme sieben. Alles miteinander verrühren. Die Butter schmelzen lassen und lauwarm unter Rühren zum Teig geben.

**3•** Die Eiweiße zusammen mit dem Salz halb steifschlagen, die restlichen 50 g Zucker dazugeben und so lange weiterrühren, bis der Eischnee glänzt und ganz fest ist. Ihn dann locker unter den Teig heben.

**4•** Die Springform mit der Butter einfetten. Den Teig hineinfüllen und im Ofen auf der mittleren Schiene etwa 30 Minuten backen.

**5•** Inzwischen für die Füllung 2 Eßlöffel Wasser erhitzen. Die eingeweichte Gelatine darin auflösen. Den Ricotta zusammen mit dem Zucker, dem Maraschino, der aufgelösten Gelatine und der Vanille in einer Schüssel verrühren.

**6•** Die Schokolade grob raspeln und zusammen mit den kandierten Früchten und den Mandelsplittern oder den gehackten Pistazien unter die Ricottamasse ziehen. Die Masse bis zur Weiterverwendung kühl stellen.

**7•** Den Biskuit nach dem Backen aus der Form nehmen und auf einem Kuchengitter auskühlen lassen.

**8•** Den Biskuit auf zwei Drittel der Höhe quer durchschneiden und den unteren Teig leicht aushöhlen. Den Teigboden mit Marsala oder Malvasia beträufeln. Die Ricottamasse hineinfüllen und den Deckel des Biskuits wieder aufsetzen. Die Torte für etwa 3 Stunden in den Kühlschrank stellen.

**9•** Für die Glasur die Schokolade in Stücke brechen und im warmen Wasserbad mit 2 bis 3 Eßlöffeln Wasser schmelzen lassen. Dann den Puderzucker darunterrühren und zuletzt die Butter darin schmelzen lassen. Die Glasur mit einem Kuchenpinsel auf den gekühlten Kuchen auftragen und diesen nach Belieben mit kandierten Früchten und Nüssen garnieren.

### Variation

•Den gefüllten Biskuit können Sie nach dem Kühlen auch vollständig mit steifgeschlagener Sahne überziehen und mit 4 Eßlöffeln kandierten Früchten garnieren.

# ROM UND LATIUM

*Dolce vita*
*rund um die Ewige Stadt*

# Rom und Latium

All das, was dem Römer ausgesprochen gut schmeckt,
hat er fast vor der Haustür
liegen: Im Tiber schwimmen
fette Aale, in der Ebene gibt
es Gemüse satt, von den
Sabiner Bergen kommen
pikante Käse, von den Alba-
ner Bergen süffige Weine
und die latinische Küste
lockt mit Tintenfischen und
Langusten. Wie gut, daß die
alten Römer ihre Haupt-
stadt in die Region Latium
gebaut haben.

**Rom und Latium**

# MINESTRA DI BROCCOLI AL PECORINO

## BROKKOLISUPPE MIT PECORINO

*Stammt aus dem Latium*
*Arbeitsaufwand: ca. 40 Min.*
*Garzeit: ca. 45 Min.*

**Für 4 Personen**

*750 g Brokkoli*
*Salz, Pfeffer aus der Mühle*
*80 g Speck*
*(z.B. Pancetta, ital. Bauchspeck)*
*2 Knoblauchzehen*
*2 geschälte Tomaten*
*(aus der Dose)*
*2 EL Butter oder*
*Schweineschmalz*
*1 Speckschwarte*
*³/4 l Fleischbrühe*
*150 g Spaghettini*
*(sehr dünne Spaghetti)*
*50 g geriebener Pecorino*
*(ital. Hartkäse aus Schafsmilch)*

1• Den Brokkoli putzen und die Röschen und die zarten Stiele waschen. Die Hälfte der Brokkoliröschen und die zarten Stiele kleinschneiden.

2• Die restlichen Röschen ganz belassen und in leicht gesalzenem Wasser etwa 10 Minuten bißfest garen. Den Topf vom Herd nehmen, und die Röschen bis zur Weiterverwendung im Sud belassen.

3• Den Speck grob würfeln. Die Knoblauchzehen schälen und in Scheiben schneiden. Beides in einem Mörser zusammen zerdrücken. Die Tomaten halbieren, den Saft und die Kerne ausdrücken und die Tomaten in kleine Würfel schneiden.

4• Dann die Knoblauchmischung in der Butter oder im Schweineschmalz leicht anbraten. Die Tomaten dazugeben und mitdünsten, bis ein Mus entsteht. Dieses nun vom Herd nehmen und beiseite stellen.

5• Die ganzen gegarten Brokkoliröschen aus dem Sud nehmen. Den zerkleinerten restlichen Brokkoli und die Speckschwarte in dem Sud in 10 bis 15 Minuten weich kochen.

6• Danach die Speckschwarte herausnehmen und das Gemüse mit Hilfe des Stabmixers pürieren oder durch die Passiermaschine (Flotte Lotte) drehen.

7• Das pürierte Gemüse nochmals aufkochen und, falls nötig, mit der Brühe etwas verdünnen. Die Spaghettini in etwa 5 cm lange Stücke zerbrechen und zusammen mit der Speck-Tomaten-Mischung zur Suppe geben. Die Spaghettini darin in 8 bis 10 Minuten „al dente" kochen. Zum Schluß die Suppe mit wenig Salz und Pfeffer würzen.

8• Die ganz belassenen Brokkoliröschen in Suppenteller geben. Die Suppe in die Teller füllen. Den Pecorino getrennt dazu reichen und nach Belieben auf die Suppe streuen.

*TIP*

• *Diese Suppe können Sie auch mit der gleichen Menge Weißkohl, Wirsing oder Rosenkohl zubereiten.*

**GETRÄNKETIP**

*trockener Weißwein,*
*z.B. Frascati*
*(1–2jährig)*

*Stammt aus dem Latium*
*Arbeitsaufwand: ca. 5 Min.*
*Garzeit: 15–25 Min.*

**Für 4 Personen**

*200 g altbackenes Brot*
*(z.B. Weißbrot oder Mischbrot)*
*6 EL Olivenöl*
*2 Knoblauchzehen*
*400 g geschälte Tomaten*
*(aus der Dose)*
*300–400 ml Wasser*
*1/2 EL Tomatenmark*
*1 EL gehackter Majoran*
*Salz, Pfeffer aus der Mühle*
*100 g geriebener Pecorino*
*(ital. Hartkäse aus Schafsmilch)*

**TIP**
• *Würziger wird die Suppe, wenn Sie das Wasser durch die gleiche Menge Fleischbrühe ersetzen.*

# PAPPA COL POMODORO

## TOMATEN-BROT-SUPPE

**1•** Das Brot in kleine Würfel schneiden. Den Knoblauch schälen und die ganzen Zehen zusammen mit 2 Eßlöffeln Öl in einen Topf geben. Den Knoblauch bei mittlerer Hitze goldgelb anbraten und danach aus dem Öl nehmen.

**2•** Die Tomaten in kleine Würfel schneiden und zusammen mit etwa drei Vierteln des Wassers, dem Tomatenmark, dem gehackten Majoran und etwas Salz im gleichen Topf aufkochen.

**3•** Die Brotwürfel dazugeben und die Suppe unter häufigem Rühren weiterkochen, bis das Brot aufgeweicht ist. Es dann mit einer Gabel zerpflücken. Wenn nötig, nach und nach etwas Wasser dazugießen. Die Suppe soll ziemlich dickflüssig sein.

**4•** Die Suppe in Teller geben und zusammen mit dem Pfeffer, dem Käse und den restlichen 4 Eßlöffeln Öl zum Abschmecken bei Tisch servieren.

# SPAGHETTI ALLA CARBONARA

## SPAGHETTI NACH KÖHLERART

1• Den Knoblauch schälen und ebenso wie die Pancetta fein würfeln. Beides im Olivenöl andünsten.

2• Die Spaghetti in viel Salzwasser in 8 bis 10 Minuten „al dente" kochen. Eine große Servierschüssel gut vorwärmen.

3• Die Eier mit den beiden Käsesorten gut verrühren. Alles mit Salz und Pfeffer würzen und in die

Schüssel geben. Die Spaghetti abgießen und zusammen mit 1 bis 2 Eßlöffeln Kochwasser zur Ei-Käse-Mischung geben.

4• Den Knoblauch und die Pancetta darauf verteilen. Alles mit Hilfe von zwei Gabeln gut durchmischen, Pfeffer aus der Mühle darauf mahlen und das Gericht sofort servieren. Die Spaghetti am besten in vorgewärmten Suppentellern anrichten.

*Stammt aus dem Latium*
*Arbeitsaufwand: ca. 15 Min.*
*Garzeit: ca. 15 Min.*

**Für 4 Personen**

*2 Knoblauchzehen*
*150 g Pancetta*
*(ital. Bauchspeck)*
*3 EL Olivenöl*
*400 g Spaghetti*
*Salz, Pfeffer aus der Mühle*
*2 große frische Eier*
*50 g geriebener Pecorino*
*(ital. Hartkäse aus Schafsmilch)*
*50 g geriebener Parmesan*

**GETRÄNKETIP**

*trockener Weißwein,*
*z.B. Frascati Secco*
*(1–2jährig)*

# GNOCCHI CON FEGATINI DI POLLO

## GRIESSGNOCCHI MIT GEFLÜGELLEBER

*Stammt aus dem Latium*
*Arbeitsaufwand: ca. 1 Std.*
*Garzeit: ca. 50 Min.*
*Kühlzeit: ca.1 Std.*

**Für 4 Personen**

*Für die Gnocchi:*
*700 ml Milch*
*150 ml Wasser*
*Salz, Muskat*
*Pfeffer aus der Mühle*
*160 g Hartweizengrieß*
*2 frische Eier*
*2 EL geriebener Parmesan*
*2 EL Olivenöl*

*Für die Sauce:*
*500 g Tomaten*
*1 Schalotte*
*1 Knoblauchzehe*
*2 EL Olivenöl*
*2 EL Tomatenmark*
*Salz, Pfeffer aus der Mühle*
*1 TL Oregano*
*200 g Geflügelleber*
*3 EL Butter*
*6 cl Madeira (Dessertwein)*

### GETRÄNKETIP

*trockener Weißwein,*
*z.B. Romagnano*
*(2–3jährig)*

TIP
• Die Gnocchi lassen sich gut vorbereiten. Damit die Leber zart bleibt, sollte man sie erst im letzten Moment zubereiten und alle anderen Komponenten dieses Gerichtes warm bereitstellen.

1• Die Milch zusammen mit dem Wasser aufkochen und mit Salz und Muskat würzen. Den Grieß einrieseln lassen und unter ständigem Rühren etwa 10 Minuten kochen, bis ein Brei entsteht. Diesen vom Herd nehmen, kurz abkühlen lassen und dann die Eier und den Parmesan daruntermischen.

2• Ein rechteckiges Backblech mit kaltem Wasser abspülen, den noch warmen Brei daraufgeben und mit einem Teigschaber gleichmäßig darauf verteilen. Die Masse dann etwa 30 Minuten abkühlen lassen. Sobald sie nicht mehr dampft, kann man sie in etwa 1 Stunde im Kühlschrank festwerden lassen.

3• Danach aus der Masse mit einem runden Ausstechförmchen Gnocchi von etwa 4 cm ø ausstechen.

4• Die Tomaten kreuzweise einschneiden, für etwa 15 Sekunden in kochendes Wasser geben, abschrecken und enthäuten. Sie dann halbieren, entkernen und in kleine Würfel schneiden.

5• Die Schalotte und den Knoblauch schälen. Die Schalotte fein würfeln und die Knoblauchzehe durch die Presse drücken. 1 Eßlöffel Schalottenwürfel und den Knoblauch in 1 Eßlöffel Öl andünsten.

6• Die Tomatenwürfel und das Tomatenmark dazugeben. Das Ganze 5 bis 10 Minuten unter gelegentlichem Rühren dünsten, bis fast keine Flüssigkeit mehr vorhanden ist. Die Sauce abschließend mit Salz, Pfeffer und Oregano würzen.

7• Die Leber putzen, in kleine Stücke schneiden und in 1 Eßlöffel Olivenöl rasch anbraten. Die gebratenen Leberstücke dann aus der Pfanne nehmen.

8• 2 Eßlöffel Olivenöl in einer zweiten Pfanne erhitzen und die Gnocchi darin beidseitig leicht braten. Sie bis zur Weiterverwendung warm stellen.

9• Das überschüssige Öl aus der ersten Pfanne weggießen und 1 Eßlöffel Butter hineingeben. Die restlichen Schalotten darin andünsten. Die Leberstückchen nochmals hineingeben, unter Wenden kurz erwärmen, dann herausnehmen und warm stellen.

10• Den Bratenfond mit dem Madeira ablöschen und etwas einkochen lassen. Die Pfanne vom Herd nehmen und die restlichen 2 Eßlöffel Butter unter die Sauce rühren.

11• Die Gnocchi auf großen flachen Tellern anrichten. Zuerst mit den Tomaten, dann mit den Leberstückchen belegen und zum Schluß mit der Madeirasauce überziehen.

# SALTIMBOCCA ALLA ROMANA

## KLEINE KALBSSCHNITZEL MIT SALBEI

*Stammt aus dem Latium
Arbeitsaufwand: ca. 15 Min.
Garzeit: ca. 15 Min.*

**Für 4 Personen**

*8 kleine, dünne Kalbsschnitzel
à 60 g
8 kleine Salbeiblätter
8 kleine Scheiben luftgetrockneter roher Schinken
Salz, Pfeffer aus der Mühle
2 EL Butterschmalz
3 EL Weißwein
1/8 1 Kalbsfond (aus dem Glas)*

**1•** Die Schnitzel flachklopfen und auf einer Platte ausbreiten. Sie mit je 1 gewaschenen Salbeiblatt und 1 Scheibe Schinken belegen und die Auflage dann mit je 2 Holzzahnstochern fixieren.

**2•** Das Butterschmalz in einer großen Bratpfanne erhitzen und die Saltimbocca darin unter Wenden in 3 bis 4 Minuten goldbraun braten. Sie dann aus der Pfanne nehmen und warm stellen.

**3•** Den Bratensaft mit dem Weißwein ablöschen, den Kalbsfond dazugeben und das Ganze auf zwei Drittel einkochen. Die Sauce mit Salz und Pfeffer abschmecken.

**4•** Die Saltimbocca auf Tellern anrichten und mit der Weinsauce beträufeln.

*• Als Beilage können Sie Spaghetti, hausgemachte Nudeln oder Risotto servieren.*

**┌ GETRÄNKETIP ┐**

*trockener Rotwein
z. B. Merlot di Aprilia
oder Colle Picchioni
(5–8jährig)*

# CODA ALLA VACCINARA

## OCHSENSCHWANZRAGOUT

*Stammt aus dem Latium*
*Arbeitsaufwand: ca. 30 Min.*
*Schmorzeit: ca. 3 Std.*

**Für 4 Personen**

*1 Karotte*
*2 große Zwiebeln*
*2 Knoblauchzehen*
*5 EL Olivenöl*
*1,4 kg Ochsenschwanz (in 3 cm*
*lange Stücke geschnitten)*
*1 halbierter Schweinsfuß*
*1 TL Tomatenmark*
*400 g geschälte Tomaten*
*(aus der Dose)*
*300 ml Weiß- oder Rotwein*
*2 Gewürznelken*
*1 Lorbeerblatt*
*1/4 l Fleischbrühe*
*300 g Staudensellerie*
*Salz, Pfeffer aus der Mühle*
*2 EL gehackte Petersilie*

*• Zur geschmacklichen Abrundung*
*können Sie zum Ochsenschwanz-*
*ragout Polentaschnitten servieren.*

**1•** Die Karotte putzen, schälen und in Würfel schneiden. Die Zwiebeln und die Knoblauchzehen schälen. Die Zwiebeln würfeln und die Knoblauchzehen durch die Presse drücken.

**2•** Das Olivenöl in einer großen Bratpfanne erhitzen. Die Ochsenschwanzstücke zusammen mit dem Schweinsfuß darin allseitig goldbraun anbraten. Das Fleisch herausnehmen, in einen Schmortopf geben und bis zur Weiterverwendung beiseite stellen. Eventuell den Ofen auf 180°C vorheizen. Das Gemüse zusammen mit dem Tomatenmark im Bratenfett des Fleisches 2 bis 3 Minuten andünsten.

**3•** Die Tomaten abtropfen lassen, kleinschneiden, 1 bis 2 Minuten mitdünsten und dann alles mit dem Wein ablöschen. Die Nelken und das Lorbeerblatt dazugeben. Nun das Ganze einmal aufkochen und über das Fleisch im Schmortopf gießen. Den Topf zudecken und das Fleisch auf dem Herd oder im Ofen bei 180°C etwa 1½ Stunden schmoren lassen. Ab und zu kontrollieren, ob noch genügend Flüssigkeit vorhanden ist. Wenn nötig, nach und nach Fleischbrühe dazugeben.

**4•** Den Sellerie putzen, waschen und in 2 cm lange Stücke schneiden. Sie nach der ersten Kochzeit zum Fleisch geben und dann das Ganze nochmals etwa 1 Stunde auf dem Herd bei schwacher Hitze oder im Ofen bei 150°C schmoren lassen.

**5•** Das Fleisch und die Selleriestücke aus dem Topf nehmen. Die Sauce bei großer Hitze etwas einkochen lassen. Sie mit Salz und Pfeffer abschmecken und durch ein Sieb geben. Die Sauce zusammen mit dem Fleisch und dem Sellerie nochmals aufkochen und mit Petersilie bestreuen.

**┌ GETRÄNKETIP ┐**

*trockener Rotwein,*
*z.B. Merlot*
*di Aprilia*
*(3–5jährig)*

Stammt aus dem Latium
Arbeitsaufwand: ca. 30 Min.
Garzeit: ca. 30 Min.

**Für 4 Personen**

1 kg junge dicke Bohnen
(mit Hülsen)
150 g luftgetrockneter Speck
4 EL Butter
oder 5 EL kaltgepreßtes
Olivenöl
1 kleine Frühlingszwiebel
1/8 l Gemüse- oder Fleischbrühe
4 kleine Scheiben Weißbrot
1/2 TL Zucker
Salz
weißer Pfeffer aus der Mühle

### ⌐ GETRÄNKETIP ¬

trockener Rotwein,
z.B. Colle Picchioni (5–8jährig)

# FAVE COL GUANCIALE

## DICKE BOHNEN MIT SPECK

**1•** Die Bohnen enthülsen und 3 bis 4 Minuten in kochendem Wasser blanchieren. Etwas ältere Bohnen müssen eventuell gehäutet werden. Das Fett des Specks in kleine Stücke schneiden. Die Frühlingszwiebel putzen, waschen und in feine Ringe schneiden.

**2•** 3 Eßlöffel Butter oder 3 Eßlöffel Öl zusammen mit dem Speck erhitzen. Die Frühlingszwiebeln dazugeben und 2 bis 3 Minuten glasig dünsten. Den restlichen Speck fein würfeln und dazugeben.

**3•** Die blanchierten Bohnen dazugeben und kurz andünsten. Alles mit 3 bis 4 Eßlöffeln Brühe ablöschen und etwa 20 Minuten bei schwacher Hitze zugedeckt dünsten.

**4•** Inzwischen die Brotscheiben in den restlichen 2 Eßlöffeln Olivenöl rösten. Sie mit 1 Eßlöffel Butter, dem Zucker sowie Salz und Pfeffer in der Pfanne wenden.

**5•** Das Bohnengemüse zusammen mit den Brotscheiben servieren.

# GELATO DI RICOTTA ALLA ROMANA

## RICOTTAEIS NACH RÖMISCHER ART

1• Den Ricotta durch ein fein-maschiges Sieb streichen und dann mit dem Espresso verrühren.

2• Den Zucker mit den Eigelben zu einer weißlichen Creme rühren. Die Sahne zusammen mit dem Va-nillezucker steifschlagen und dann den Rum dazugeben.

3• Eine rechteckige Form (etwa 1 l Fassungsvermögen) mit Klar-sichtfolie auslegen.

4• Die Ricotta-Espresso-Masse mit der Eiercreme vermischen und die Sahne vorsichtig darunter-ziehen.

5• Die Creme in die Form geben, mit Klarsichtfolie abdecken und etwa 3 Stunden im Tiefkühlgerät gefrieren lassen.

6• Das Ricottaeis zum Servieren in Scheiben schneiden und mit den gehackten Pistazien garnieren.

*Stammt aus dem Latium*
*Arbeitsaufwand: ca. 20 Min.*
*Gefrierzeit: ca. 3 Std.*

**Für 4 Personen**

*500 g sehr frischer Ricotta*
*(ital. Frischkäse)*
*$1/8$ l abgekühlter sehr starker*
*Espresso*
*100 g Zucker*
*4 frische Eigelbe*
*3 EL Sahne*
*1 TL Vanillezucker*
*4 EL weißer Rum*
*3 EL gehackte ungesalzene*
*Pistazien*

## GETRÄNKETIP

*süßer Dessertwein, z.B.Moscato*
*oder Frascati amabile*

# TIRAMISÙ

## MASCARPONECREME MIT LÖFFELBISKUITS

*Stammt allgemein aus Italien*
*Arbeitsaufwand: ca. 35 Min.*
*Kühlzeit: 3–5 Std.*

**Für 4–6 Personen**

*Für die Biskuitschicht:*
*2 EL Zucker*
*1/4 l heißer, starker Kaffee*
*2 EL Kaffeelikör*
*100 g Löffelbiskuits*

*Für die Cremeschicht:*
*4 sehr frische Eigelbe*
*100 g Zucker*
*300 g Mascarpone (ital. Frischkäse)*
*2 EL Kakaopulver*

**1•** Den Zucker in dem heißen Kaffee auflösen und abkühlen lassen.

**2•** Dann den Kaffeelikör dazugeben und die Hälfte der Löffelbiskuits in diese Mischung tauchen.

**3•** Eine rechteckige Gratinform (8 bis 10 cm hoch) mit der Hälfte der getränkten Biskuits auslegen.

**4•** Für die Creme die Eigelbe zusammen mit dem Zucker in einem warmen Wasserbad zu einer cremigen Masse aufschlagen. Den Mascarpone darunterrühren.

**5•** Die Hälfte der Eiercreme auf die Löffelbiskuits in der Form geben. Eine zweite Lage Löffelbiskuits einschichten und mit der restlichen Creme bedecken. Das Tiramisù im Kühlschrank in 3 bis 5 Stunden festwerden lassen.

**6•** Vor dem Servieren das Dessert üppig mit dem Schokoladenpulver bestäuben. Mit einem Spatel rechteckige Portionen abstechen und diese auf Tellern anrichten.

*TIPS*

• *Das Tiramisù braucht mindestens 3 bis 5 Stunden, bis es schnittfest ist.*

• *Verwenden Sie für dieses Dessert nur ganz frische Eier, und stellen Sie das Tiramisù bis zum Servieren in den Kühlschrank. Sie sollten es in jedem Fall am Zubereitungstag servieren.*

┌─ **GETRÄNKETIP** ─┐

*süßer Dessertwein, z.B. Vinsanto (Toskana) oder Schaumwein*

## TOSKANA

*Wo man in einem besonderen Licht tafelt*

# Toskana

„Bohnenesser" nennen die Italiener ihre toskanischen Landsleute. Und das ist bestimmt nicht böse gemeint. Denn neben Tomaten, Olivenöl und frischen Kräutern gehören nun einmal Bohnen zu den Grundsäulen der durchweg schlichten bäuerlichen Küche. Und wenn es darum geht, aus den einfachsten Zutaten wahre Delikatessen zu kochen, sind alle *mamme* wahre Künstlerinnen.

Stammt aus der Toskana
Arbeitsaufwand: ca. 25 Min.
Garzeit: 5–10 Min.

**Für 4 Personen**

40 g Frühstücksspeck
150 g Geflügelleber
1 EL feingehackte Schalotten
1 EL Olivenöl
3 EL Butter
Salz, Pfeffer aus der Mühle
$1/2$ EL gehackte Salbeiblätter
1 EL geriebener Parmesan
4 Scheiben Toastbrot

# CROSTINI CON FEGATINI DI POLLO

## KLEINE LEBERTOASTS

**1•** Den Frühstücksspeck in feine Stücke schneiden. Die Geflügelleber putzen, waschen und grob zerkleinern.

**2•** Den Speck zusammen mit den Schalotten im Öl und in der Butter andünsten. Dann die Geflügelleber und die gewaschenen Salbeiblätter dazugeben. Nun das Ganze kurz andünsten und dann salzen und pfeffern.

**3•** Sobald die Leber nicht mehr rot ist, alles im Fleischwolf halbfein pürieren oder fein hacken. Die Masse mit Salz, Pfeffer und dem Parmesan abschmecken.

**4•** Nun den Backofen auf 200° C Oberhitze vorheizen. Das Brot toasten, in je 4 Dreiecke schneiden.

**5•** Die Lebermasse auf die kleinen Toasts häufen und etwa 1 Minute im Ofen überbacken.

• Besonders appetitlich sehen die Lebertoasts aus, wenn Sie sie jeweils mit einem in Butter geschwenkten Salbeiblättchen garnieren.

TIP

# FUNGHI AL FUNGHETTO

## GEBRATENE STEINPILZE

Stammt aus der Toskana
Arbeitsaufwand: ca. 15 Min.
Garzeit: ca. 10 Min.

**Für 4 Personen**

*300 g frische Steinpilze*
*Salz, schwarzer Pfeffer*
*aus der Mühle*
*1 Zwiebel*
*3 EL gehackte glatte Petersilie*
*6 EL Olivenöl*
*2–3 Knoblauchzehen*

**1•** Die Pilze putzen und in Scheiben schneiden. Sie 2 bis 3 Minuten in kochendem Salzwasser blanchieren, dann in ein Sieb geben und sofort mit reichlich kaltem Wasser abspülen.

**2•** Die Pilze auf Küchenpapier gut abtropfen lassen. Inzwischen die Zwiebel und die Knoblauchzehen schälen. Die Zwiebel in kleine Würfel schneiden und den Knoblauch durch die Presse drücken.

**3•** Das Olivenöl zusammen mit den Zwiebeln, der Petersilie und dem Knoblauch erhitzen. Die Pilze dazugeben und unter ständigem Wenden leicht anbraten. Die Steinpilze vor dem Servieren mit Salz und Pfeffer abschmecken.

## GETRÄNKETIP

trockener Rotwein,
z.B. Chianti Classico (3–5jährig)

*TIPS*

• *Die Pilze können auch mit Polentaschnitten serviert werden.*

• *Mit Sauce zubereitet, passen diese Pilze sehr gut als Beilage zu Reis oder Nudeln.*

*Stammt aus der Toskana*
*Arbeitsaufwand: ca. 25 Min.*

**Für 4 Personen**

*600 g altbackenes Brot*
*(siehe Tip)*
*Salz*
*2 EL Rotweinessig*
*6 EL kaltgepreßtes Olivenöl*
*2 Knoblauchzehen*
*2 große, rote Zwiebeln*
*16 Basilikumblätter*
*etwas schwarzer Pfeffer*
*aus der Mühle*
*4 reife, feste Tomaten*

• *Sie können weißes Landbrot,*
*Misch- oder Schwarzbrot nehmen.*
*Dunkles Fladenbrot schmeckt eben-*
*falls ausgezeichnet in diesem Brot-*
*salat.*

# PANZANELLA

## BROTSALAT
## NACH TOSKANISCHER ART

1• Das Brot grob in Scheiben schneiden, in eine Schüssel geben und in kaltem Wasser 10 bis 15 Minuten einweichen.

2• Inzwischen etwas Salz mit dem Essig verrühren. Das Olivenöl nach und nach darunterrühren. Den Knoblauch schälen und durch die Presse dazudrücken.

3• Die Zwiebeln schälen und in Ringe schneiden. Das Basilikum waschen und trockentupfen. Kleine Basilikumblätter ganz belassen, größere von Hand grob zerzupfen.

4• Das Brot nun auspressen, von Hand zerzupfen und in eine Schüssel geben.

5• Die Zwiebeln und das Basilikum unter die Brotstücke heben. Die Mischung mit der Essigsauce übergießen und alles gut miteinander vermengen. Den Brotsalat kräftig mit Pfeffer aus der Mühle abschmecken.

6• Die Tomaten waschen, sechsteln oder achteln. Die Stücke leicht salzen und den Salat damit garnieren.

# RISOTTO ALLA PAESANA

### RISOTTO NACH BAUERNART

1• Die dicken Bohnen oder die Erbsen enthülsen. Die Bohnen zusätzlich enthäuten.

2• Die Zwiebel schälen und ebenso wie die Pancetta in kleine Würfel schneiden. Den Reis in 1 Eßlöffel Olivenöl leicht anrösten. Zwiebel- und Pancettawürfelchen hinzufügen und kurz mitdünsten.

3• Dann das Ganze mit dem Wein ablöschen. Sobald er vom Reis aufgesogen ist, nach und nach ¹/₂ l Brühe dazugeben. Den Reis etwa 10 Minuten bei mittlerer Hitze unter öfterem Rühren kochen.

4• Inzwischen die Zucchini und den Sellerie putzen, waschen und sehr klein würfeln. Die Tomaten entkernen, ausdrücken und kleinschneiden. Die Knoblauchzehe schälen und zerdrücken.

5• 2 Eßlöffel Öl erhitzen. Die Gemüsewürfelchen darin al dente dünsten. Sie dann mit Salz, Pfeffer und Knoblauch abschmecken. Das Gemüse, das Basilikum und die Petersilie unter den Reis heben. Etwa 5 Minuten weiterköcheln. Sollte der Risotto zu fest sein, die restliche Brühe dazugießen. Den Käse zum Risotto reichen.

*Stammt aus der Toskana*
*Arbeitsaufwand: ca. 30 Min.*
*Garzeit: ca. 20 Min.*

**Für 4 Personen**

*400 g frische, dicke Bohnen*
*oder grüne Erbsen (mit Hülsen)*
*300 g Rundkornreis*
*(z.B. Vialone)*
*3 EL Olivenöl*
*1 große Zwiebel*
*50 g Pancetta (ital. Bauchspeck)*
*oder magerer Speck*
*¹/₈ l Weißwein*
*800 ml Gemüsebrühe*
*1 kleine Zucchini*
*1 Stange Staudensellerie*
*2 große geschälte Tomaten*
*(aus der Dose)*
*1 Knoblauchzehe*
*Salz, Pfeffer aus der Mühle*
*2 EL gehackte glatte Petersilie*
*3 EL feingeschnittenes*
*Basilikum*
*50 g geriebener Parmesan*

Toskana

# OSSOBUCO AL VERDE

## KALBSHAXEN
## WIE IN SAN GIMIGNANO

*Stammt aus der Toskana*
*Arbeitsaufwand: ca. 30 Min.*
*Garzeit: ca. 2 ½ Std.*

**Für 4 Personen**

*4 Scheiben von der Kalbshaxe*
*à ca. 250 g*
*2 mittelgroße Zwiebeln*
*1 Knoblauchzehe*
*2 EL Olivenöl*
*Salz, Pfeffer aus der Mühle*
*½ l Weißwein (z.B. Vernaccia)*
*½ Lorbeerblatt*
*4 EL gemischte frische gehackte*
*Kräuter (Rosmarin, Basilikum,*
*Salbei, Oregano)*
*1 TL Speisestärke*
*3 EL Fleischbrühe*
*1 EL gehackte glatte Petersilie*

• *Dieses Gericht schmeckt besonders* **TIP** *gut, wenn man für die Sauce Vernaccia di San Gimignano, den ausdrucksvollen Weißwein aus der Gegend um Siena, verwendet.*

1• Die Kalbshaxen waschen und trockentupfen. Die Zwiebeln und den Knoblauch schälen. Die Zwiebel fein würfeln und den Knoblauch durch die Presse drücken.

2• Das Olivenöl in einem Bräter erhitzen. Die Kalbshaxen darin beidseitig leicht anbraten, dann mit Salz und Pfeffer bestreuen. Die Zwiebeln dazugeben und unter Wenden glasig dünsten.

3• Etwa drei Viertel des Weißweins, den Knoblauch, das Lorbeerblatt und die Hälfte der Kräuter zum Fleisch geben. Das Ganze zugedeckt 1½ bis 2 Stunden bei schwacher Hitze schmoren lassen. Das Fleisch ab und zu mit der Bratenflüssigkeit begießen.

4• Das Fleisch nach der Schmorzeit aus dem Bräter nehmen und zugedeckt warm stellen.

5• Den Bratenfond durch ein Sieb geben und in den Bräter zurückgießen. Ihn zusammen mit dem restlichen Weißwein im offenen Bräter auf die Hälfte einkochen. Die Stärke mit der Brühe anrühren. Sie dann zur Sauce geben, gut umrühren und weiterkochen, bis diese leicht sämig wird.

6• Die restlichen Kräuter zur Sauce geben und abschließend alles noch einmal mit Salz und Pfeffer abschmecken.

7• Das Fleisch kurz in der Sauce erhitzen. Es dann auf Tellern mit der Sauce anrichten und mit Petersilie bestreut servieren.

## GETRÄNKETIP

trockener Weißwein,
z.B. Vernaccia
di San Gimignano
(2–3jährig)

*Stammt aus der Toskana*
*Arbeitsaufwand: ca. 25 Min.*
*Garzeit: ca. 45 Min.*

**Für 4 Personen**

*1 Poularde (ca. 1,5 kg)*
*4 Knoblauchzehen*
*2 geschälte Tomaten*
*(aus der Dose)*
*4 EL Olivenöl*
*je 1 Rosmarin- und Salbeizweig*
*3 Lorbeerblätter*
*50 g schwarze Oliven*
*(ohne Stein)*
*300 ml Weißwein*
*Salz, Pfeffer aus der Mühle*
*einige Fenchelsamen*

# POLLO IN UMIDO

## GESCHMORTE POULARDE

1• Die Poularde waschen, trocken-tupfen und in 8 Stücke zerteilen. Die Knoblauchzehen schälen und grob zerdrücken. Die Tomaten grob würfeln.

2• Die Poulardenstücke im heißen Olivenöl von allen Seiten kräftig anbraten.

3• Nun den Knoblauch, die abge-zupften Rosmarin- und Salbeiblät-ter, die Lorbeerblätter und die Oliven zur Poularde hinzufügen und alles mit dem Wein ablöschen.

Anschließend das Ganze mit Salz und Pfeffer würzen und die Fen-chelsamen darauf streuen.

4• Die Poularde zugedeckt etwa ½ Stunde bei schwacher Hitze schmoren lassen. Falls nötig, noch etwas Wein nachgießen. Es soll keine Sauce, sondern nur dick ein-gekochter Bratensaft entstehen.

5• Die Poulardenstücke auf Tellern anrichten und mit dem Bratensaft begießen.

# BRASATO D'AGNELLO AL ROSMARINO

## LAMMROLLBRATEN MIT ROSMARIN

**Stammt aus der Toskana**
*Arbeitsaufwand: ca. 20 Min.*
*Garzeit: 40–50 Min.*

**Für 4 Personen**

*2 Knoblauchzehen*
*750 g ungefüllter*
*Lammrollbraten*
*Salz, Pfeffer aus der Mühle*
*1 TL Rosmarinnadeln*
*2 EL Olivenöl*
*2 EL Senf*

**1•** Den Knoblauch schälen und in schmale Stifte schneiden. Den Backofen auf 240°C vorheizen.

**2•** Das Fleisch salzen, pfeffern und mit den Rosmarinnadeln und den Knoblauchstiften spicken. Das Fleisch mit dem Öl bestreichen.

**3•** Das Fleisch in einer feuerfesten Form im Ofen etwa 15 Minuten goldbraun braten, es dabei ab und zu wenden.

**4•** Danach die Hitze auf 200°C reduzieren, das Fleisch mit Senf bestreichen und für weitere 20 bis 30 Minuten braten.

**5•** Das Fleisch aus dem Ofen nehmen und etwa 10 Minuten zugedeckt ruhen lassen. Inzwischen den Bratensaft mit 3 bis 4 Eßlöffeln Wasser lösen und im offenen Topf etwas einkochen. Den Lammrollbraten in Scheiben schneiden und mit der Sauce begießen.

*• In Italien liebt man das Lammfleisch eher durchgebraten. Wenn Sie es rosa gegart mögen, verkürzen Sie die gesamte Garzeit auf 35 bis 40 Minuten.*

*TIP*

Toskana

# NODINO DI VITELLO AI GAMBERI

## KALBSSTEAK MIT RIESENGARNELEN

*Stammt aus der Toskana*
*Arbeitsaufwand: ca. 30 Min.*
*Marinierzeit: ca. 30 Min.*
*Garzeit: ca. 35 Min.*

**Für 4 Personen**

*Für die Garnelen:*
*12 vorgegarte Riesengarnelen*
*(frisch oder TK-Ware)*
*4 EL Olivenöl*
*1 EL Zitronensaft*
*Salz, Pfeffer aus der Mühle*

*Für die Sauce:*
*2 EL Olivenöl*
*2 EL Butter*
*1 EL Tomatenmark*
*1 EL Mehl*
*100 ml Weißwein*
*200 ml Hühnerbrühe*
*Salz, Pfeffer aus der Mühle*
*3 EL Sahne*
*1 EL Brandy (Weinbrand)*

*Für die Kalbssteaks:*
*4 Nodini (Kalbskotelettsteaks*
*mit dem Filet, ohne Knochen)*
*à ca. 180 g, (2 cm dick)*
*Salz, Pfeffer aus der Mühle*
*5 EL Olivenöl*

*• Sollten Sie keine Nodini finden, können Sie auch Kalbskoteletts oder Kalbssteaks auf die gleiche Art zubereiten.*

**TIP**

**1•** Von den Riesengarnelen die Köpfe und die Krusten ablösen. Diese für die Sauce beiseite stellen. Die Garnelen an den Rücken der Länge nach bis zur Hälfte einschneiden. Sie dann kurz waschen, dabei die Därme entfernen und anschließend mit Küchenpapier trockentupfen. Die Garnelen mit 2 Eßlöffeln Olivenöl, dem Zitronensaft, Salz und Pfeffer marinieren und bis zur Weiterverwendung in den Kühlschrank stellen.

**2•** Für die Sauce 2 Eßlöffel Olivenöl erhitzen. Die Garnelenkrusten und -köpfe darin anbraten. Das Tomatenmark und die Butter dazugeben und mitdünsten. Das Mehl darauf stäuben und kurz anschwitzen. Nun das Ganze mit dem Weißwein unter Rühren ablöschen. Die Hühnerbrühe dazugeben und alles 10 bis 15 Minuten kochen lassen.

**3•** Die Sauce durch ein Sieb gießen, nochmals aufkochen und mit Salz und Pfeffer abschmecken. Den Backofen auf 180°C vorheizen.

**4•** Die Sahne zur Sauce geben und alles im offenen Topf etwas einkochen lassen. Die Sauce abschließend mit dem Brandy verfeinern und warm halten.

**5•** Die Nodini (Kalbssteaks) mit Pfeffer würzen und in 2 Eßlöffeln Olivenöl auf beiden Seiten anbraten. Sie dann im Ofen 5 bis 10 Minuten weiterbraten und zuletzt salzen.

**6•** Die marinierten Garnelen kurz in den restlichen 2 Eßlöffeln Olivenöl anbraten.

**7•** Einen Saucenspiegel auf 4 flache Teller gießen und die Nodini zusammen mit den Riesengarnelen darauf anrichten.

**GETRÄNKETIP**

trockener Rotwein,
z.B. Vino Nobile
di Montepulciano
(6–10jährig)

Toskana

# ORATA ALLA GRATICOLA

## GOLDBRASSE VOM GRILL

Stammt aus der Toskana
Arbeitsaufwand: ca. 20 Min.
Grillzeit: 12–16 Min.

**Für 4 Personen**

*Für die Sauce:*
*3 Knoblauchzehen*
*4 EL gehackte glatte Petersilie*
*6 EL kaltgepreßtes Olivenöl*
*Salz, Pfeffer aus der Mühle*

*Für die Goldbrassen:*
*2 ausgenommene, ungeschuppte*
*Goldbrassen à ca. 600 g*
*Salz*
*1 kleiner Rosmarinzweig*
*4 EL Olivenöl*

**1•** Den Grill ungefähr 30 Minuten vor der Zubereitung der Goldbrassen anzünden.

**2•** Für die Sauce den Knoblauch schälen und durch die Presse drücken. Ihn zusammen mit der Petersilie und dem Olivenöl verrühren und mit Salz und Pfeffer abschmecken.

**3•** Die ungeschuppten Fische innen und außen mit Salz einreiben. Je ½ Rosmarinzweig in die Bauchhöhlen legen.

**4•** Die Goldbrassen auf beiden Seiten jeweils mit 2 bis 3 schrägen Einschnitten versehen, mit Öl bepinseln und auf den Grillrost legen. Die Fische mit etwas Abstand zur heißen Glut grillen, dabei ab und zu mit etwas Öl bestreichen.

**5•** Das Grillgut nach 6 bis 8 Minuten vorsichtig wenden und für weitere 6 bis 8 Minuten grillen. Die Fische sind gar, wenn sich die Kiemenflossen mühelos herausziehen lassen. Die Goldbrassen vom Grill nehmen und bis zur Weiterverwendung etwa 5 Minuten neben dem Feuer nachgaren lassen.

**6•** Dann die Fischhaut samt den Schuppen vorsichtig abziehen. Die Fischfilets von den Gräten ablösen und sie mit der Sauce begießen.

*TIPS*

• *Zu stark gegrillter Fisch wird sehr schnell trocken. Die Fischhaut und die Schuppen schützen das zarte Fischfleisch davor.*

• *Außerhalb der Grillsaison können Sie den Fisch auch mit dem Grill des Backofens oder dem Elektrogrill zubereiten.*

**GETRÄNKETIP**

*trockener Weißwein,*
*z.B. Vernaccia*
*di San Gimignano*
*oder Chardonnay*
*(2–3jährig)*

*Stammt aus der Maremma
(Toskana)
Arbeitsaufwand: ca. 10 Min.
Garzeit: 12–14 Min.*

**Für 4 Personen**

*2 mittelgroße Seezungen,
küchenfertig vorbereitet
Salz, Pfeffer aus der Mühle
3 EL Butter
oder 2 EL Olivenöl
2 Zitronen*

*• Sie können die Fische vor dem
Dämpfen mit Petersilie, feingeschnittenen Frühlingszwiebeln
oder feingehacktem Knoblauch
bestreuen.*

# SOGLIOLE AL PIATTO

## SEEZUNGEN IM EIGENEN SAFT

**1•** 2 Töpfe etwa ein Drittel hoch
mit Wasser füllen und dieses aufkochen. Inzwischen die Seezungen
salzen und pfeffern.

**2•** 2 große Teller mit dem gleichen
Durchmesser wie die Töpfe mit
Butter oder Öl bestreichen und je
eine Seezunge darauf legen.

**3•** Die beiden Teller mit je einem
weiteren Teller abdecken und auf
jeden Topf mit dem dampfenden
Wasser stellen. Die Hitze etwas
reduzieren.

**4•** Die Fische 12 bis 14 Minuten
über dem Dampf garen. Inzwischen die Zitronen waschen, abtrocknen und halbieren.

**5•** Die Seezungen auf den heißen
Tellern auftragen. Am Tisch die
einzelnen Filets von den Gräten
lösen und auf 4 Teller verteilen.
Den Fischsaft auf die einzelnen
Filets verteilen und die Filets
nach Belieben mit Zitronensaft
beträufeln.

# FAGIOLI
# ALLA FIORENTINA

### WEISSE BOHNEN
### NACH FLORENTINER ART

**Stammt aus der Toskana**
*Arbeitsaufwand: ca. 20 Min.*
*Garzeit: ca. 35 Min.*

**Für 4 Personen**

*1 kg frische weiße Bohnen mit*
*Hülsen (z.B. Cannelini-Bohnen)*
*2 Knoblauchzehen*
*500 g geschälte Fleischtomaten*
*(aus der Dose)*
*6 EL Olivenöl*
*3–4 Salbeiblätter*
*Salz, Pfeffer aus der Mühle*

**1•** Die Bohnen enthülsen und in kochendem Wasser 3 bis 4 Minuten blanchieren. Sie dann abgießen.

**2•** Den Knoblauch schälen und grob zerdrücken. Die Tomaten halbieren, den Saft und die Kerne auspressen und dann die Tomaten in kleine Würfel schneiden.

**3•** Den Knoblauch im heißen Olivenöl andünsten, die gewaschenen Salbeiblätter dazugeben und den Knoblauch Farbe annehmen lassen.

**4•** Nun die weißen Bohnen zum Knoblauch geben und 2 bis 3 Minuten dünsten. Danach die Tomatenwürfelchen hinzufügen, alles umrühren und die Bohnen zugedeckt ungefähr 30 Minuten bei schwacher Hitze schmoren lassen.

**5•** Wenn nötig, während der Garzeit sehr wenig Wasser dazugießen. Die Sauce soll sehr konzentriert sein. Vor dem Servieren Knoblauch und Salbei aus den Bohnen nehmen.

*TIP*

• *Man kann für dieses Gericht auch getrocknete weiße Bohnen verwenden. In diesem Fall müssen Sie die Bohnen über Nacht im Wasser einweichen und danach, wie im Rezept beschrieben, zubereiten.*

**Toskana**

# FOCACCIA DI MANDORLE

## MANDELFLADEN

*Stammt aus der Toskana*
*Arbeitsaufwand: ca. 50 Min.*
*Backzeit: 10–15 Min.*
*Ruhezeit des Teiges: ca. 1 Std.*

**Für 2 Springformen**
**(ca. 24 cm ø)**

*Für den Teig:*
*250 g gemahlene Mandeln*
*250 g Mehl*
*250 g weiche Butter*

*Für die Creme:*
*300 ml Milch*
*1 Vanilleschote*
*3–4 frische Eigelbe*
*100 g Zucker*
*2 EL Mehl*

*Außerdem:*
*3 EL Puderzucker*
*100 g Mandelstifte*

**1•** Die Mandeln zusammen mit dem gesiebten Mehl und der Butter zu einem glatten Teig verarbeiten. Ihn in Klarsichtfolie eingewickelt etwa 1 Stunde im Kühlschrank ruhen lassen.

**2•** Den Backofen auf 180°C vorheizen. Den Teig in 2 Portionen teilen und auf 2 mit Backtrennpapier belegte Springformböden oder auf Backbleche geben. Den Teig etwa ½ cm dünn ausrollen und im Ofen 10 bis 15 Minuten goldgelb backen.

**3•** Inzwischen für die Creme die Milch mit der aufgeschlitzten Vanilleschote aufkochen.

**4•** Die Eigelbe zusammen mit dem Zucker und dem Mehl aufschlagen. Die kochende Milch dazugeben und alles miteinander verrühren.

**5•** Nun das Ganze in einem offenen Topf bei schwacher Hitze so lange schlagen, bis die Creme dick geworden ist und die Eigelbe gebunden sind, dabei darf die Creme nicht aufkochen.

**6•** Die Creme abkühlen lassen, zwischendurch immer wieder leicht aufrühren, damit sich keine Haut bildet. Die Mandelfladen nach dem Backen auf einem Kuchengitter abkühlen lassen.

**7•** Einen abgekühlten Mandelfladen mit der Creme bestreichen, den anderen daraufsetzen. Den Kuchen dicht mit Puderzucker bestäuben und die Mandelstifte darauf streuen.

**TIPS**

• *Sie können die Teigböden auch nacheinander backen, dann benötigen Sie nur 1 Springform.*

• *Noch besser schmecken die Mandelstifte, wenn Sie sie kurz vor dem Bestreuen in einer trockenen Pfanne leicht rösten.*

**GETRÄNKETIP**

*süßer Dessertwein, z.B. Vinsanto*

# ZUCCOTTO

## GEFRORENER NUSSKUCHEN

*Stammt aus der Toskana*
*Arbeitsaufwand: ca. 1 Std.*
*Kühlzeit: ca. 10 Std.*

### Für 1 runde Schüssel (ca. 2 l Fassungsvermögen)

*80 g Mandelkerne*
*80 g Haselnußkerne*
*150 g Zartbitterschokolade*
*500 g Brioche (oder in einer Kastenform gebackener Sandkuchen- oder Biskuitteig)*
*ca. 60 ml Cognac, Maraschino oder Orangenlikör*
*500 g Sahne*
*4 EL Zucker*
*3–4 EL kleingewürfelte kandierte Früchte (z.B. Zitronat oder Orangeat)*
*3–4 EL Kakaopulver*
*1 EL Puderzucker*

1• Zunächst die Mandeln und dann die Haselnüsse mit kochendem Wasser überbrühen. Die Nüsse schälen, mit Küchenpapier abtropfen und in einer Pfanne ohne Fettzugabe goldgelb rösten.

2• Die Nüsse abkühlen lassen und danach grob mahlen oder hacken. Die Schokolade mittelfein raspeln.

3• Die Brioche oder den andern Kuchenteig in etwa 1½ cm dicke Scheiben schneiden. Eine runde Schüssel (ca. 2 l Fassungsvermögen) mit Klarsichtfolie auslegen. Aus einer Teigscheibe einen kleinen Kreis (ø des Schüsselbodens) ausstechen und in die Schüssel legen.

4• Nun die restlichen Teigscheiben so schneiden, daß Streifen entstehen, die sich an einem Ende zu beiden Seiten verjüngen. Die Streifen auf einer Folie auslegen und mit der Hälfte des Cognacs oder des anderen Likörs beträufeln. Die Wände der Schüssel mit einem Teil der getränkten Teigstücke auslegen, dabei die sich verjüngenden Enden nach unten legen.

5• Die Sahne mit dem Zucker steifschlagen. Die Nüsse, den restlichen Likör, die Schokolade und die kandierten Früchte unter die Sahne heben und die Masse in die Schüssel füllen. Mit den restlichen Teigstreifen abschließen.

6• Die Schüssel mit Klarsichtfolie abdecken. Den Kuchen mindestens 10 Stunden gefrieren lassen.

7• Etwa 30 Minuten vor dem Servieren den gefrorenen Nußkuchen aus dem Tiefkühlgerät nehmen und im Kühlschrank antauen lassen. Das Kakaopulver mit dem Puderzucker mischen. Den Kuchen stürzen und mit der Kakao-Puderzucker-Mischung bestäuben. Den Zuccotto in Stücke schneiden.

*TIP*

• *In der Toskana werden die in diesem Rezept angegebenen Liköre oft gemischt.*

### Variation

• Man kann den Zuccotto auch mit 2 verschiedenen Eissorten füllen. Sehr gut eignen sich Schokoladeneis und Vanilleeis mit kandierten Früchten. Füllen Sie die mit den getränkten Teigstreifen ausgelegte Schüssel schichtweise mit jeweils 500 g der jeweiligen Eissorte (leicht cremig geschmolzen). Stellen Sie den Zuccotto in diesem Fall für mindestens 3 Stunden in das Tiefkühlgerät.

## GETRÄNKETIP

*süßer Dessertwein, z.B. Vinsanto*

# LIGURIEN

*Kräutergarten im Norden*
*mit Seefahrertradition*

# Ligurien

Es können nicht nur Schiffs-
zwieback und Salzheringe
gewesen sein, die die See-
fahrer zu Zeiten des Chri-
stoph Columbus die mona-
telangen Strapazen auf hoher See so tapfer ertragen
ließen. Viel eher war es wohl
die Vorfreude auf die knak-
kigen Gemüsegerichte mit
all den aromatischen Kräutern ihrer Heimat Ligurien,
mit denen die Genueser Ma-
trosen dann zu Hause so
richtig verwöhnt wurden.

**Ligurien**

# MINESTRA DI ZUCCHINI CON LE COZZE

## ZUCCHINISUPPE MIT MUSCHELN

*Stammt aus Ligurien*
*Arbeitsaufwand: ca. 35 Min.*
*Garzeit: ca. 30 Min.*

**Für 4 Personen**

*500 g Zucchini*
*2 mittelgroße Zwiebeln*
*1 Knoblauchzehe*
*3 EL Olivenöl*
*700 ml Geflügelbrühe*
*Salz, Pfeffer aus der Mühle*
*150 g Sahne*
*500 g Miesmuscheln*
*5 EL Weißwein*
*1 EL feingeschnittenes*
*Basilikum*

Die Muscheln und den Wein hinzufügen und mit Pfeffer würzen. Die Muscheln zugedeckt etwa 5 Minuten garen, bis sich die Schalen öffnen. Die Muscheln abgießen und den Fond auffangen.

**5•** Ungeöffnete Muscheln wegwerfen, sie sind verdorben. Das Muschelfleisch aus den geöffneten Schalen lösen und zusammen mit dem Fond zur Zucchinisuppe geben. Die Suppe in tiefe Teller geben und mit dem Basilikum bestreuen.

**1•** Die Zucchini waschen, putzen und in Stücke schneiden. Die Zwiebeln und den Knoblauch schälen. Die Zwiebeln sehr fein schneiden und den Knoblauch durch die Presse drücken. Alles bis auf 2 Eßlöffel feingeschnittene Zwiebeln in 2 Eßlöffeln Olivenöl andünsten, ohne Farbe nehmen zu lassen.

**2•** Nun die Brühe dazugießen und alles mit Salz und Pfeffer würzen. Das Ganze zugedeckt etwa 25 Minuten leise köcheln lassen. Zum Schluß die Sahne dazugeben und alles im Mixer fein pürieren.

**3•** Die Muscheln gründlich waschen und die Bärte herausziehen. Bereits geöffnete Muscheln wegwerfen, denn sie sind verdorben.

**4•** In einem weiteren Topf die restlichen feingeschnittenen Zwiebeln in 1 Eßlöffel Öl glasig dünsten.

**TIP**

• *Sie können die Miesmuscheln durch Venusmuscheln (Vongole) ersetzen. In diesem Fall müssen Sie diese vor dem Kochen für 1 bis 2 Stunden in kaltes Wasser legen, damit der Sand von den Muscheln gelöst wird.*

### GETRÄNKETIP

*trockener Weißwein, z.B. Vermentino d'Imperia oder Cinqueterre (1–2jährig)*

# TAGLIATELLE GIALLE CON VERDURA E FRUTTI DI MARE

## SAFRANNUDELN MIT GEMÜSE UND MEERESFRÜCHTEN

*Stammt aus Ligurien*
*Arbeitsaufwand: ca. 50 Min.*
*Ruhezeit des Teiges: ca. 30 Min.*
*Garzeit: ca. 40 Min.*

**Für 4 Personen**

*Für den Teig:*
*1 Döschen Safranpulver*
*(ca. 0,1 g)*
*1 Grundrezept für Nudelteig*
*(S. 82)*
*etwas Mehl*

*Für die Sauce:*
*1 Karotte*
*1 Stange Lauch*
*1 Zucchino*
*1 geschälte Tomate*
*(aus der Dose)*
*4 große oder 8 kleine*
*vorgekochte Garnelen*
*(frisch oder TK-Ware)*
*8 sehr kleine Tintenfische*
*(z.B. Seppia, Pulpito oder*
*Moscardino)*
*Salz*
*2 EL Butter*
*weißer Pfeffer aus der Mühle*

1• Das Safranpulver mit den Eiern aus dem Grundrezept für Nudelteig verrühren und dann, wie in der Zubereitungsanweisung (S. 82) beschrieben, aus den weiteren Zutaten für Nudelteig einen elastischen Teig herstellen. Ihn zu einer Kugel formen und mit einem Küchentuch abgedeckt etwa 30 Minuten ruhen lassen.

2• Inzwischen die Karotte, den Lauch und den Zucchino putzen und waschen. Die Karotte schälen und dann ebenso wie den Lauch und den Zucchino in feine Streifen schneiden. Die Tomate entkernen und in kleine Stücke schneiden.

3• Die Garnelen kurz abwaschen und in leicht gesalzenem Wasser aufkochen. Sie dann herausnehmen, die Krusten, Köpfe und Därme entfernen. Die Garnelen bis zur Weiterverwendung beiseite stellen.

4• Die Tintenfische sorgfältig waschen und putzen (siehe S. 86). Sie dann halbieren und in leicht gesalzenem Wasser 10 bis 15 Minuten bei mittlerer Hitze garen.

5• Anschließend die Karottenstreifen in der Butter andünsten. Nun die Tintenfische und etwa 2 Minuten später das restliche Gemüse dazugeben und alles bei schwacher Hitze etwa 15 Minuten garen.

6• Den Nudelteig auf einer bemehlten Arbeitsfläche mit einem Nudelholz sehr dünn ausrollen und in feine Streifen schneiden. Diese in kochendes Salzwasser geben und darin etwa 50 Sekunden „al dente" kochen. Die Tagliatelle danach in einem Sieb abtropfen lassen.

7• Die Garnelen unter die Gemüsesauce heben und kurz darin erwärmen. Alles mit Salz und Pfeffer abschmecken. Die Sauce mit den Tagliatelle mischen und auf großen Tellern anrichten.

┌─ **GETRÄNKETIP** ─┐

*trockener Weißwein,*
*z.B. Vermentino (1–2jährig)*

*Stammt aus Ligurien*
*Arbeitsaufwand: ca. 1 Std.*
*Ruhezeit des Teiges: ca. 30 Min.*
*Garzeit: ca. 3 Min.*

**Für 4 Personen**

*Für den Teig:*
*1 Grundrezept Nudelteig*
*(S. 82)*
*200 g feingehackter Spinat*
*(TK-Ware)*
*2 EL Öl*
*etwas Mehl*

*Für die Füllung:*
*130 g frischer Ziegenkäse*
*100 g Ricotta (ital. Frischkäse)*
*3 frische Eigelbe*
*80 g geriebener Parmesan*
*1 1/2 EL gehackte gemischte*
*Kräuter (z.B. Petersilie,*
*Oregano, Majoran)*
*Salz, Pfeffer aus der Mühle*
*Muskat*

*Außerdem:*
*etwas Mehl*
*3 EL kaltes Wasser*
*50 g geriebener Parmesan*

# RAVIOLI VERDI CON FORMAGGIO DI CAPRA

## GRÜNE ZIEGENKÄSERAVIOLI

**1•** Nach der Zubereitungsanweisung (S. 82) aus den Zutaten für das Grundrezept Nudelteig zusammen mit dem gut ausgedrückten Spinat, dem Olivenöl und etwas Mehl einen elastischen Teig herstellen. Diesen zu einer Kugel formen und mit einem Küchentuch abgedeckt etwa 30 Minuten ruhen lassen.

**2•** Inzwischen den Ziegenkäse sowie den Ricotta durch ein feinmaschiges Sieb streichen und mit den Eigelben glattrühren.

**3•** Den Parmesan und die Kräuter daruntermischen und die Masse mit Salz, Pfeffer und Muskat abschmecken. Sie dann einige Minuten quellen lassen.

**4•** Den Teig nach der Ruhezeit auf einer bemehlten Arbeitsfläche mit dem Nudelholz dünn (etwa 1 mm) ausrollen. Ihn dann in etwa 8 cm breite Streifen schneiden.

**5•** Die Ziegenkäsefüllung nun mit Hilfe von 2 Teelöffeln portionsweise im Abstand von etwa 6 cm in die Mitte der Teigstreifen setzen.

**6•** Die Zwischenräume dünn mit kaltem Wasser bestreichen und dann die eine lange Seite des Teigstreifens über die Füllung auf die andere lange Seite klappen. Die Ränder fest andrücken, damit die Füllung nicht herausquillt.

**7•** Den Teig mit einem Teigrädchen entlang der Füllungsportionen in Vierecke schneiden. Die Ravioli für kurze Zeit auf ein bemehltes Küchentuch aus Stoff legen.

**8•** Die Ravioli in kochendes Salzwasser geben, die Hitze reduzieren und die Nudeln im offenen Topf in etwa 3 Minuten garziehen lassen. Sie danach in einem Sieb abtropfen lassen und auf Tellern anrichten. Die Ravioli bei Tisch nach Belieben mit dem Parmesan bestreuen.

*TIPS*

• *Eine pikante Tomatensauce (S. 172) rundet diese Ravioli geschmacklich sehr gut ab.*

• *Sie können auch weißen Nudelteig (S. 82) mit der Ziegenkäsemasse füllen. Der grüne Teig läßt das Gericht aber noch etwas edler anmuten.*

## GETRÄNKETIP

trockener Rotwein,
z.B. Rossese di Liguria
oder Rossese di Dolceacqua
(2–3jährig)

*Stammt allgemein aus Italien*
*Arbeitsaufwand: ca. 30 Min.*
*Kochzeit: ca. 1¹/₄ Std.*

**Für 4 Personen**

*5–6 Basilikumblätter*
*2–3 Petersilienzweige*
*3–4 Sellerieblätter*
*1 Zwiebel*
*1 kg längliche Tomaten*
*3 EL Olivenöl oder 5 EL Butter*
*1 Lorbeerblatt*
*¹/₂ TL Thymianblätter*
*Salz, Pfeffer aus der Mühle*
*2 Knoblauchzehen*

*• Wenn Sie außerhalb der Saison*
*keine frischen, reifen Tomaten*
*bekommen, machen Sie es wie die*
*Italiener, und verwenden Sie*
*geschälte Tomaten aus der Dose.*

# SALSA DI POMODORO

## TOMATENSAUCE

**1•** Die Basilikumblätter, die Petersilie und die Sellerieblätter waschen und trockentupfen. Sie zerzupfen oder hacken. Die Zwiebel schälen und in kleine Würfel schneiden. Die Tomaten für etwa 15 Sekunden in kochendes Wasser tauchen, dann abschrecken und enthäuten. Sie anschließend etwas zerkleinern.

**2•** Die Kräuter mit der Zwiebel in Olivenöl oder in der Butter leicht dünsten. Die Tomaten kurz mitdünsten.

**3•** Lorbeer und Thymian dazugeben und alles zugedeckt bei schwacher Hitze etwa 1 Stunde köcheln lassen. Wenn nötig, 1 bis 2 Eßlöffel Wasser dazugeben.

**4•** Die Sauce durch ein Sieb streichen und eventuell noch etwas einkochen lassen. Sie soll eine sämige Konsistenz haben.

**5•** Den Knoblauch schälen und durch die Presse drücken. Die Sauce mit Salz, Pfeffer und nach Belieben mit Knoblauch würzen.

# SALSA DI NOCI

## NUSS-SAUCE

*Stammt aus Ligurien*
*Arbeitsaufwand: ca. 30 Min.*

**Für 4 Personen**

*150 g Walnußkerne*
*50 g Pinienkerne*
*1 Knoblauchzehe*
*2 EL gehackter Majoran*
*oder Petersilie*
*4 EL Olivenöl*
*oder 50 g Butter*
*100 g Ricotta (ital. Frischkäse)*
*oder Dickmilch*
*Salz*
*weißer Pfeffer aus der Mühle*
*2 EL Parmesan*

**1•** Die Walnußkerne und die Pinienkerne in einer Pfanne ohne Fettzugabe leicht rösten.

**2•** Die Nüsse etwas abkühlen lassen und in einem Mörser zerstoßen oder im Allesschneider fein mahlen.

**3•** Danach den Knoblauch schälen und ebenso wie den Majoran oder die Petersilie separat im Mörser zerstampfen. Anschließend beides in 2 Eßlöffeln Olivenöl oder in Butter leicht andünsten. Wenn nötig, das Ganze noch etwas feiner zerstampfen oder hacken.

**4•** Den Knoblauch und die Kräuter mit den gemahlenen Nüssen mischen. Den Ricotta oder die Dickmilch mit 1 Eßlöffel Wasser leicht verrühren, dazugeben und alles gut mischen.

**5•** Die restlichen 2 Eßlöffel Öl nach und nach darunterrühren. Zum Schluß die Sauce mit Salz, Pfeffer und je nach Geschmack mit dem Parmesan abschmecken.

*TIP*
• *Die Nudeln, die man zur kalten Nußsauce dazu serviert, müssen sehr heiß sein.*

**Ligurien**

# RAVIOLI ROSSI AL PESTO

## ROTE RAVIOLI MIT BASILIKUMSAUCE

*Stammt aus Ligurien*
*Arbeitsaufwand: ca. 1 1/2 Std.*
*Ruhezeit des Teiges: ca. 30 Min.*
*Garzeit: ca. 3 Min.*

**Für 4 Personen**

*Für den Teig:*
*1 Grundrezept Nudelteig*
*(S. 82)*
*4 EL Tomatenmark*
*etwas Mehl*

*Für die Füllung:*
*225 g Ricotta (ital. Frischkäse)*
*1 frisches Ei*
*1 frisches Eigelb*
*3 EL Butter*
*100 g geriebener Parmesan*
*1 EL gehacktes Basilikum*
*Salz, Pfeffer aus der Mühle*
*Muskat*

*Für die Basilikumsauce*
*(Grundrezept für Pesto alla*
*genovese):*
*1 EL Pinienkerne*
*150 g großblättriges Basilikum*
*3 Knoblauchzehen, Salz*
*3 EL geriebener Parmesan*
*3 EL geriebener Pecorino sardo*
*(sardischer Schafskäse)*
*6 EL kaltgepreßtes Olivenöl*

*Außerdem:*
*etwas Mehl*
*3 EL kaltes Wasser*

*TIPS*

*• Pesto kann man, mit genügend Öl bedeckt, im Kühlschrank 3 bis 4 Wochen aufbewahren.*

*• Sie können Pesto auf Vorrat einfrieren. Lassen Sie jedoch den Knoblauch und den Käse weg, und rühren Sie diese erst am Verwendungstag unter die aufgetaute Paste.*

**1•** Aus den Zutaten für das Grundrezept Nudelteig nach der Zubereitungsanweisung (S. 82) einen elastischen Teig herstellen, dabei das Tomatenmark mit den Eiern verrühren und unterkneten. Den Teig für etwa 30 Minuten mit einem Küchentuch abgedeckt kühl stellen.

**2•** In der Zwischenzeit für die Füllung den Ricotta durch ein feinmaschiges Sieb streichen. Das Ei und das Eigelb darunterrühren, bis eine glatte Masse entsteht.

**3•** Die Butter schmelzen lassen und tropfenweise zu der Masse geben. Alles mit Parmesan und Basilikum mischen und mit Salz, Pfeffer und Muskat würzen. Die Ricottamasse bis zur Weiterverarbeitung kühl stellen.

**4•** Inzwischen die Basilikumsauce (Pesto) zubereiten. Dazu die Pinienkerne in einer Pfanne ohne Fettzugabe hellgelb rösten. Die Basilikumblätter abzupfen, waschen und trockentupfen.

**5•** Den Knoblauch schälen, grob zerdrücken und in einen Mörser geben. Etwas Salz und die Basilikumblätter dazugeben und alles zu einer sämigen Masse zerstampfen.

**6•** Nun Pinienkerne und Käse zur Basilikum-Knoblauch-Masse geben und alles so lange im Mörser zerstoßen, bis eine feinkörnige Paste entsteht.

**7•** Abschließend das Öl langsam unter die Paste rühren, damit es gleichmäßig verteilt wird. Den Pesto bis zur Weiterverwendung kühl stellen.

**8•** Den Teig nach der Ruhezeit auf einer bemehlten Arbeitsfläche mit dem Nudelholz dünn (etwa 1 mm) ausrollen und daraus 2 gleich große Teigplatten schneiden.

**9•** Die Ricottamasse mit Hilfe von 2 Teelöffeln portionsweise im Abstand von 4 bis 6 cm auf die eine Teigplatte setzen.

**10•** Die Zwischenräume dünn mit kaltem Wasser bestreichen und dann die andere Teigplatte auf die gefüllte legen.

**11•** Aus dem Teig mit einem runden gezackten Ausstechförmchen Kreise ausstechen. Die Ränder fest andrücken, damit die Füllung nicht herausquillt. Die Ravioli für kurze Zeit auf ein bemehltes Küchentuch aus Stoff legen.

**12•** Die Ravioli in kochendes Salzwasser geben, die Hitze reduzieren und die Nudeln im offenen Topf in etwa 3 Minuten garziehen lassen. Sie danach in einem Sieb abtropfen lassen, dabei den Sud auffangen.

**13•** Den Pesto mit 2 Eßlöffeln des Kochsuds mischen und zusammen mit den roten Ravioli auf Tellern anrichten.

# BACCALÀ MONTAGLIARI

## STOCKFISCH MIT TOMATEN

Stammt aus Ligurien
Arbeitsaufwand: ca. 40 Min.
Garzeit: ca. 15 Min.
Wässern des Fisches: ca. 2 Tage

**Für 4 Personen**

800 g Stockfisch (siehe Tip)
2–3 EL Mehl
5 EL Olivenöl
4 Knoblauchzehen
1 Bund Petersilie
500 g geschälte Tomaten (aus
der Dose)
Salz
Pfeffer aus der Mühle

**1•** Den Stockfisch mindestens
2 Tage vor der Zubereitung gründlich wässern. Dabei des öfteren das
Wasser wechseln.

**2•** Nachdem der Stockfisch weich
ist, ihn säubern, Haut und Gräten
entfernen und den Fisch in Stücke
schneiden.

**3•** Die Fischstücke mit dem Mehl
bestäuben und in 2 Eßlöffeln Öl
von allen Seiten goldgelb anbraten.
Den Knoblauch schälen und 2 ganze Knoblauchzehen mitrösten. Danach die Fischstücke auf Küchenpapier abtropfen lassen.

**4•** Für die Sauce die Petersilie waschen und ebenso wie den restlichen Knoblauch grob zerkleinern.
Beides in den restlichen 3 Eßlöffeln Öl mitdünsten.

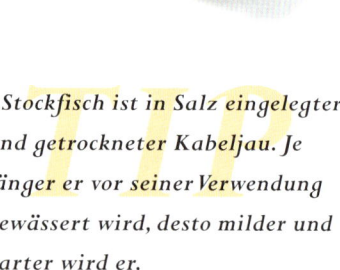

• *Stockfisch ist in Salz eingelegter
und getrockneter Kabeljau. Je
länger er vor seiner Verwendung
gewässert wird, desto milder und
zarter wird er.*

**5•** Die Tomaten etwas zerkleinern
und dazugeben. Alles mit Salz und
Pfeffer würzen und aufkochen.
Zum Schluß die Fischstücke dazugeben, pfeffern und 4 bis 5 Minuten in der Sauce ziehen lassen.

**GETRÄNKETIP**

trockener Weißwein,
z.B. Vermentino Riviera
(1–2 jährig)

Stammt aus Ligurien
Arbeitsaufwand: ca. 30 Min.
Garzeit der Muscheln: 3–4 Min.

**Für 4 Personen**

2 kg Miesmuscheln
3 Knoblauchzehen
3 EL Olivenöl
200 ml Weißwein
Salz, Pfeffer aus der Mühle
2 EL gehackte glatte Petersilie

**TIP**

• Man kann auch andere Muschelsorten, z.B. Vongole (Venusmuscheln) oder Telline (Tellermuscheln) auf diese Art zubereiten.

# COZZE ALLA MARINARA

## MUSCHELN NACH FISCHERART

**1•** Die Muscheln gründlich waschen und die Bärte herausziehen. Bereits geöffnete Muscheln wegwerfen, denn sie sind verdorben.

**2•** Die Muscheln ohne Flüssigkeit in einen hohen Topf geben und zugedeckt erhitzen, bis sich die Schalen öffnen. Nach 3 bis 4 Minuten prüfen, ob dies der Fall ist. Ansonsten die Muscheln noch einige Minuten weitererhitzen.

**3•** Die Muscheln abgießen, dabei den ausgelaufenen Muschelsaft auffangen und durch ein Papierfilter oder ein Tuch geben. Die Muscheln

bis zur Weiterverwendung warm stellen. Geschlossene Muscheln aber aussortieren und wegwerfen.

**4•** Die Knoblauchzehen schälen, sehr fein würfeln und im Öl hellgelb dünsten. Den Weißwein dazugeben und im geöffneten Topf auf die Hälfte einkochen lassen. Den Muschelsud dazugießen und die Sauce mit wenig Salz und frischgemahlenem Pfeffer abschmecken.

**5•** Die Muscheln in Suppenteller geben, mit der Sauce begießen und mit Petersilie bestreut servieren.

# PATATE ALLA GENOVESE

## KARTOFFELN MIT SARDELLEN

1• Die Kartoffeln schälen und in etwa ½ cm dicke Scheiben schneiden.

2• Die Sardellenfilets fein hacken und mit dem Olivenöl und der Butter in einer schweren Bratpfanne (am besten aus Gußeisen) erhitzen.

3• Die Kartoffeln hineingeben und im Öl wenden. Sie zugedeckt braten, bis sie schön knusprig sind. Dabei die Kartoffeln des öfteren wenden.

4• Die Knoblauchzehen schälen und durch die Presse drücken. Sie mit der Petersilie unter die Kartoffeln mischen. Zum Schluß alles salzen und Pfeffer direkt aus der Mühle darauf mahlen. Die Kartoffeln sofort servieren.

*Stammt aus Ligurien*
*Arbeitsaufwand: ca. 15 Min.*
*Garzeit: ca. 15 Min.*

**Für 4 Personen**

*600 g gekochte Pellkartoffeln*
*4 Sardellenfilets*
*(aus dem Glas)*
*3 EL Olivenöl*
*2 EL Butter*
*2 Knoblauchzehen*
*3 EL gehackte Petersilie*
*Salz*
*schwarzer Pfeffer*
*aus der Mühle*

## GETRÄNKETIP

*trockener Weißwein,*
*z.B. Vermentino oder Cinqueterre*
*(1–2jährig)*

*Ligurien*

# TORTA VERDE

## GRÜNE TORTE

*Stammt aus Ligurien*
*Arbeitsaufwand: ca. 40 Min.*
*Ruhezeit des Teiges: ca. 30 Min.*
*Garzeit: ca. 15 Min.*
*Backzeit: 35–40 Min.*

**Für 4 Personen**

*Für den Teig:*
*250 g Mehl*
*1 frisches Ei*
*100 ml Olivenöl*
*1/2 TL Salz*
*Öl für die Form*

*Für die Füllung:*
*500 g Mangold- oder*
*Spinatblätter*
*1 große Zwiebel*
*1 Knoblauchzehe*
*100 g frische Champignons*
*(oder andere frische Pilze)*
*oder 20 g getrocknete, in Wasser*
*eingeweichte Pilze*
*8 Sardellenfilets (aus dem Glas)*
*2 EL Olivenöl*
*200 g grüne Erbsen (TK-Ware)*
*2 EL gehacktes Basilikum*
*2 frische Eier*
*100 g Ricotta (ital. Frischkäse)*
*Salz, Pfeffer aus der Mühle*

*TIP*

• *Frisch gebacken schmeckt die*
*grüne Torte am besten. Sie können*
*sie aber auch etwa 30 Minuten vor-*
*backen und 10 Minuten vor dem*
*Servieren bei 190°C fertigbacken.*

**1•** Das Mehl in eine Schüssel geben und darin eine Mulde bilden. Das Ei verquirlen und mit dem Öl und dem Salz ebenfalls in die Schüssel geben. Alle Zutaten rasch zu einem einheitlichen Teig verkneten und ihn dann an einem kühlen Ort zugedeckt 30 Minuten ruhen lassen.

**2•** Die Mangold- oder die Spinatblätter sorgfältig waschen und verlesen. Sie dann in feine Streifen schneiden. Die Zwiebel und den Knoblauch schälen. Die Zwiebel würfeln und den Knoblauch durch die Presse drücken. Die Champignons putzen und in Scheiben schneiden. Die Sardellen etwas zerkleinern.

**3•** Das Olivenöl erhitzen und darin die Zwiebel und den Knoblauch andünsten. Dann die Mangold- oder die Spinatstreifen und die Champignons dazugeben und alles 8 bis 10 Minuten dünsten, bis die Flüssigkeit verdampft ist.

**4•** Etwa 4 Minuten vor Ende der Garzeit die Erbsen dazugeben. Dann das Ganze etwas abkühlen lassen. Danach das Basilikum und die Sardellen unter das Gemüse mischen.

**5•** Eine Springform (26 cm ø) mit Öl einfetten. Den Backofen auf 220°C vorheizen. Die Form mit dem Teig auskleiden. Den Teigboden mit einer Gabel mehrmals einstechen.

**6•** Die Eier zusammen mit dem Ricotta schaumig schlagen und mit Salz und Pfeffer abschmecken. Die Hälfte davon unter das Gemüse mischen. Die Gemüse-Ricotta-Masse nun auf dem Teigboden verteilen und die restliche Ei-Ricotta-Mischung darübergießen.

**7•** Die Gemüsetorte in den Ofen schieben und auf der mittleren Schiene 35 bis 40 Minuten backen. Falls sie oben zu schnell bräunt, die Oberfläche mit Aluminiumfolie abdecken.

**GETRÄNKETIP**

*trockener Weißwein,*
*z.B. Vermentino d'Imperia*
*oder Vermentino di Savona*
*(1–2jährig)*

# SEMIFREDDO DI CASTAGNE

## KASTANIENPARFAIT

*Stammt aus Ligurien*
*Arbeitsaufwand: ca. 1 Std.*
*Garzeit: 30–40 Min.*
*Gefrierzeit: 4–5 Std.*

**Für 4–6 Personen**

*500 g Eßkastanien (Maronen)*
*1/2 1 Milch*
*1 Prise Salz*
*1 Vanilleschote*
*150 ml Wasser*
*150 g Zucker*
*4 frische Eigelbe*
*1–2 EL Kirschwasser oder Rum*
*300 g Sahne*

*TIPS*

*• Sie können auch Portionsförmchen mit der Creme füllen und die später gestürzten Parfaits mit Vanillesauce umgießen.*

*• Sie können sehr viel Zeit einsparen, wenn Sie gekauftes Kastanienpüree als Basis für dieses Parfait verwenden.*

**1•** Die Eßkastanien auf der gewölbten Seite über Kreuz einschneiden. Die Milch zusammen mit dem Salz und der längs aufgeschlitzten Vanilleschote aufkochen.

**2•** Die Kastanien in die Milch geben und 30 bis 40 Minuten kochen. Danach alles etwas abkühlen lassen, die Kastanien abgießen und dann schälen. Dabei auch die braunen Häutchen entfernen.

**3•** Die Kastanien durch die feinste Scheibe des Passiergerätes drehen. Das Wasser und den Zucker zusammen aufkochen und anschließend den Sirup abkühlen lassen.

**4•** Nun die Eigelbe und den Zuckersirup cremig rühren. Das Kastanienpüree darunterrühren und das Ganze mit Kirschwasser oder Rum abschmecken. Die Sahne steifschlagen und zwei Drittel davon vorsichtig unter die Kastanienmasse ziehen.

**5•** Eine rechteckige Kuchenform mit Klarsichtfolie auslegen. Die Kastaniencreme in die Form geben und die Oberfläche glattstreichen. Die Creme 4 bis 5 Stunden gefrieren lassen.

**6•** Zum Servieren das Parfait auf eine rechteckige Platte stürzen. Es in etwa 3 cm dicke Scheiben schneiden und auf jede Scheibe mit der restlichen Sahne eine Rosette spritzen.

**GETRÄNKETIP**

*süßer Schaumwein, z.B. Moscato*

# Übersicht zu wichtigen Zutaten und Begriffen der italienischen Küche

### aceto balsamico

Ein aromatischer, süß-saurer Weinessig von dunkelbrauner Farbe. Er wird in den Provinzen Modena und Reggio Emilia aus Trauben hergestellt, die vor dem Pressen an der Sonne getrocknet wurden. In kleinen Holzfässern reift er mindestens 3 Jahre, wertvolle Sorten sogar mehr als 50 Jahre.

### al dente

Damit wird die Konsistenz von Teigwaren, Reis und Gemüse angegeben. Wird *al dente* gekocht, ist das Gericht bißfest.

### baccalà

Stockfisch aus Kabeljau, der vor der Konservierung stark gesalzen, aber nicht getrocknet wird. Er muß vor der Zubereitung mehrere Stunden gewässert werden.

### Basilikum

Die aromatisch-herben Basilikumblätter finden in der italienischen Küche vielfach Verwendung, z.B. im *pesto genovese* (Rezept S. 174), in Tomatengerichten und Suppen.

### bel paese

Ein weicher, aber schnittfester Käse aus Kuhmilch, der seinen Ursprung in der Lombardei hat.

### bollito misto

Siedfleischeintopf aus verschiedenen Fleischsorten, u.a. mit Rindfleisch, Kalbskopf und -zunge sowie mit gefülltem Schweinefuß *(zampone)* und Schweinskochwurst *(cotechino)*. Er wird hauptsächlich im Piemont zubereitet.

### bresàola

Luftgetrocknetes Rindfleisch aus dem Veltlin (Valtellina). Bresàola wird dünn aufgeschnitten und meistens mit Olivenöl und Zitronensaft beträufelt.

### brodetto

Fischsuppe von der Adriaküste, die zusammen mit gerösteten Weißbrotscheiben serviert wird.

### bruschetta (auch fett'unta)

Geröstete Brotscheiben, die mit frischem Knoblauch eingerieben und mit Olivenöl beträufelt werden.

### cacciocavallo

Birnenförmig abgebundener Knetkäse *(filata)* aus Kuhmilch. In jungem Zustand ist er im Geschmack mild, später pikant. Je 2 Käse werden zum Trocknen an der Spitze ihrer Birnenform durch eine Schnur miteinander verbunden und rittlings über Stäbe gehängt (*caccio* = Käse und *cavallo* = Pferd).

### cassata

Ursprünglich Biskuitboden mit süßer Füllung aus *ricotta* und kandierten Früchten. Stammt von der Insel Sizilien. Heute versteht man unter *cassata* auch Eistorten mit verschiedenen Eissorten sowie Nüssen und kandierten Früchten.

### cotechino

Dicke, gut gewürzte Schweinskochwurst, die für *bollito misto* verwendet wird

### crostini

Geröstetes Brot mit unterschiedlich gewürztem Belag, z.B. mit Leberstückchen. Sie werden als *antipasto* gereicht.

### finocchiona

Toskanische Wurstspezialität aus Rind- und Schweinefleisch, mit Fenchelsamen gewürzt.

### fontina

Halbfester, milder Schnittkäse aus Kuhmilch, der sowohl roh als auch gekocht verzehrt wird. Stammt aus dem Aostatal, wird aber oft imitiert.

### frittata

Eierkuchen aus leicht geschlagenen Eiern, Gemüse und Gewürzen, der auf beiden Seiten gebacken wird.

### gianduia

Weiche, süße Haselnuß-Schokoladen-Paste aus Turin.

### gorgonzola

Halbweicher Edelpilzkäse aus Kuhmilch mit Ursprung in der Lombardei. Der Käse wird mit Schimmel-

pilzen geimpft und bekommt so während der Reifung die charakteristische grünbläuliche Aderung. Eine mildere Variante ist eine Käsekomposition aus Gorgonzola und Mascarponeschichten (*dolcelatte*).

### grana padano

Körniger (= *grana*) Hartkäse aus Kuhmilch. Der aromatisch-würzige Käse hat geschmacklich große Ähnlichkeit mit dem Parmesan und ist sowohl als Tafelkäse als auch zum Reiben geeignet.

### grissini

Dünne, knusprige Brotstangen mit Ursprung aus der Gegend um Turin. Sie sind in ganz Italien verbreitet und werden zwischendurch, zu *antipasti* oder zu den Mahlzeiten gegessen.

### in umido

Wird ein Gericht so bezeichnet, so wurde es geschmort. Die Bezeichnung ist üblich bei Fleisch und Gemüse.

### Knoblauch (*aglio*)

Würzige Zwiebelknolle, die aus der italienischen Küche nicht wegzudenken ist. Ihr Aroma ist besonders in Fleisch- und Gemüsegerichten, in Suppen sowie in kalten Saucen (z.B. salsa verde und pesto genovese) geschätzt.

### Majoran

Sehr würziges Küchenkraut, das im Geschmack etwas milder als Oregano ist. Der leicht bittere Majoran verleiht Suppen, Kartoffelgerichten und Gemüse die typische Note und ist in der ligurischen Küche beliebt.

### mascarpone

Milder Doppelrahmfrischkäse, der als Sahneersatz verwendet werden kann. Dank seiner cremigen Konsistenz lassen sich vorwiegend Süßspeisen (z.B. *tiramisù*) damit zubereiten. Er verfeinert aber auch, mit Gorgonzolakäse vermischt (*dolcelatte*), Risottogerichte und Füllungen von Teigwaren.

### Miesmuscheln (*cozze*)

Blauschwarze, längliche Muscheln, die eine Größe von 4 bis 6 cm erreichen. Man kocht sie zusammen mit Kräutern in Weinsud oder in Tomatensauce, oder man fritiert sie. Sie sind häufig Bestandteil von Fischsuppen.

### minestra

Dünne Suppe mit Gemüsestückchen und Reis- oder Nudeleinlage.

### minestrone

Dicke, gehaltvolle Gemüsesuppe mit Nudeln, Fleisch, oft auch Hülsenfrüchten.

### mortadella

Dicke, aromatische Wurst aus Schweinefleisch mit eingearbeiteten Speckwürfelchen und Pfefferkörnern, die für die *mortadella* typisch sind.

### mozzarella di buffala

Milder, weißer Käse ohne Rinde, ursprünglich aus Büffelmilch, heute jedoch meist aus Kuhmilch hergestellt. Der zu den Knetkäsen (*filata*) gehörende *mozzarella* eignet sich als Tafelkäse und zum Überbacken.

### olio santo

Aromatisches Olivenöl mit eingelegten scharfen Pfefferschoten (*peperoncini*) aus den Abruzzen. Es wird zum Würzen auf gebackene Pizza geträufelt.

### Olivenöl

Speiseöl aus den Früchten des Olivenbaumes mit einem breiten Geschmacksspektrum. Die wichtigsten Herkunftsregionen sind die Toskana und Ligurien. Für Salate und kalte Speisen sollte man des hervorragenden Geschmackes wegen „*olio di oliva extra vergine*" (naturreines, nicht raffiniertes Öl aus erster Pressung, „Jungfernöl") nehmen.

### Oregano

Gewürzkraut, das auch als „wilder Majoran" bezeichnet wird. Oregano findet in der italienischen Küche vielseitig Verwendung, z.B. für Pizza, Saucen, Füllungen, für Teigwaren und Schweinefleischgerichte.

### pan di Spagna

Süßer, luftiger Kuchen aus Sandkuchenteig, der oft mit Vanille oder Likör aromatisiert ist. Er bildet die Grundlage für die *zuppa inglese*, die berühmte italienische Süßspeise.

### pancetta

Dieser luftgetrocknete Bauchspeck findet in vielen italienischen Gerichten Verwendung. Er wird aufgerollt oder in Scheiben angeboten.

### pappa (auch pancotto)

Dicke Suppe aus altbackenen Brotstücken, die in Brühe oder Wasser bis zum Zerfallen gekocht werden.

### parmigiano reggiano

Der bekannteste italienische Käse ist der Parmesan aus der Emilia-Romagna. Der würzige Hartkäse aus Kuhmilch wird nicht geschnitten, sondern mit einem Spezialmesserchen abgestochen. Er paßt frisch gerieben hervorragend zu Teigwaren, *risotto* und Suppen, schmeckt aber auch in kleinen Stückchen als Dessert zu Rotwein sehr gut.

### pecorino

Hartkäse aus Schafsmilch, den es in vielen regionalen Varianten (z.B. Sardinien, Toskana, Latium) mit unterschiedlicher Geschmacksausprägung gibt.

### prosciutto di Parma

Parmaschinken, unverkennbar an seinem Brandstempel mit der fünfzackigen Herzogskrone, verdankt seinen delikaten Geschmack der Luft, die ihn beim Trocknen und Reifen umgibt. In ihr vereinigen sich Meeresluft, Pinien-, Kastanien- und Olivenaroma.

### prosciutto San Daniele

Der Schinken aus Friaul ist im Geschmack kräftiger und süßlicher als der Parmaschinken.

### provolone

Pikanter Hartkäse aus Kuhmilch mit charakteristischer Kegelstumpfform. Der Knetkäse *(filata)* aus Süditalien wird jung als Tafelkäse und nach 6 Monaten Reifezeit als pikanter Käse zum Reiben geschätzt.

### Reis

In der Poebene liegt das Reisanbaugebiet Italiens. Zu den bekanntesten Rundkornreissorten gehören *arborio, carnaroli* und *vialone*. Mit ihnen lassen sich süße und pikante Gerichte (z.B. *risotto*) zubereiten.

### ricotta

Quarkähnlicher Käse, der aus zweimal gekochter Milch gewonnen wird. Er eignet sich besonders gut für Füllungen von Teigwaren und für süße Speisen.

### salame di Milano

Die bekannteste Salamisorte wird aus magerem, feingehacktem Schweinefleisch oder Schweine- und Rindfleisch hergestellt und hat kleine Fettaugen.

### Salbei

Herb duftendes, etwas bitteres Küchenkraut, das besonders gut mit Fleisch- und Wildgerichten harmoniert und dessen Blättchen auf *saltimbocca* nicht fehlen dürfen.

### Steinpilze

Sie sind die meistverwendeten Pilze in Italien. Im Herbst werden sie in großen Mengen frisch angeboten. Sie sind ganzjährig auch getrocknet *(funghi secchi)* erhältlich und haben ein kräftiges Aroma.

### stoccafisso

Stockfisch aus Kabeljau, der vor der Konservierung nur schwach gesalzen und getrocknet wird. Er muß, ebenso wie *baccalà,* vor der Verwendung mehrere Stunden gewässert werden.

### Tintenfische

In Küstengebieten sind *seppia* (Sepia), *calamaro* (Kalmar) und *polpo* (Krake) oft Bestandteile vieler Suppen und Gerichte mit Meeresfrüchten.

### Tomaten

Sie werden hauptsächlich in Süditalien und in der Emilia-Romagna angebaut. Außer in frischem Zustand sind geschälte Tomaten in Dosen *(pelati)* und getrocknete Tomaten *(pomodori secchi)* oft verwendete Zutaten in vielen Gerichten.

### Trüffeln

Mit diesen edlen und teueren Speisepilzen werden Salate und Pasteten verfeinert. Aus Italien kommen z.B. weiße *(tartufi di Alba)* und schwarze Trüffeln *(tartufi di Norcia).*

### zampone

Der mit Schweinehack und Gewürzen gefüllte Schweinefuß ist eine Spezialität aus der Emilia-Romagna und ist Bestandteil des *bollito misto.*

### zuppa

Suppe, die über geröstete Brotscheiben gegossen wird oder eine Süßspeise (z.B. *zuppa inglese).*

# REZEPTVERZEICHNIS NACH MENÜFOLGE

## Antipasti (Vorspeisen)

Budino di pomodoro   81
Caprese   96
Carne cruda alla Piemontese   14
Carpaccio   14
Crostini con fegatini di pollo   146
Funghi al funghetto   147
Insalata di finocchio ed arance   114
Insalata di pomodoro con cipolline   80
Involtini di peperoni   12
Mozzarella fritta   97
Panzanella   148
Pomodori e mozzarella   96

## Primi piatti
### (Gerichte des ersten Gangs)

Agnolotti alla piemontese   18
Arancine di riso   118
Brodetto dei pescatori   86
Calzone   102
Fettuccine all'abruzzese   82
Gnocchi con fegatini di pollo   134
Gnocchi di zucca ai funghi   52
Lasagne al forno   70
Malfatti al pomodoro   38
Maltagliati con broccoli   104
Minestra di broccoli al pecorino   130
Minestra di finocchio   117
Minestra di spinaci con uova   66
Minestra di zucchini con
    le cozze   166
Minestrone alla milanese   32
Pappa col pomodoro   132
Pizza alla napoletana   98
Pizza alla perugina   100
Pizza con funghi   100
Pizza del re   100
Polenta con carne e salsiccia   51
Polenta con ragù   17
Polenta valdostana   16
Ravioli all'ortica   84
Ravioli rossi al pesto   174
Ravioli verdi con formaggio
    di capra   170
Risotto ai frutti di mare   54
Risotto alla paesana   149

Risotto al salto   35
Risotto con impanate di Salmone   36
Salsa di noce   173
Salsa di pomodoro   172
Spaghetti alla carbonara   133
Spaghetti con salsa di pomodoro
    crudo   103
Tagliatelle gialle con verdura e frutti
    di mare   168
Tortellini alla bolognese   68
Zuppa alla pavese   34
Zuppa al vino dolce salina   116
Zuppa di crauti   50
Zuppa di pomodoro al basilico   67

## Piatti di mezzo
### (Hauptgerichte)

Baccalà montagliari   176
Braciola di manzo alla napolitana   108
Brasato d'agnello al rosmarino   153
Bue al cucchiaio   22
Coda alla vaccinara   138
Costolette di vitello al marsala   74
Cozze alla marinara   178
Faraona arrosto alla trevisana   58
Fegato alla veneziana   57
Filetti di pesce persico alla
    milanese   41
Lepre alla cacciatora   88
Lesso di manzo con salsa verde   42
Maiale al latte   72
Manzo alla sarda   120
Nodino di vitello ai gamberi   154
Orata alla graticola   156

Ossobuco al verde   150
Pollo in umido   152
Saltimbocca alla romana   136
Scampi fritti   56
Sogliole al piatto   158
Spalla d'agnello con melanzane   106
Spigola ripiena alle erbe
    aromatiche   122
Uova strapazzate con funghi
    porcini   40
Vitello tonnato   20

## Contorni (Beilagen)

Asparagi alla milanese   45
Bagna cauda   24
Broccoli alla siciliana   122
Cavolfiore fritto   90
Crespelle con fonduta   26
Fagioli alla fiorentina   159
Fave col guanciale   140
Frittata con ricotta   110
Frittate ripiene   124
Lenticchie in umido   44
Patate alla genovese   179
Piselli con guanciale   92
Spinaci di magro   75
Torta verde   180
Zucca gialla in marinata   60
Zucchini al forno   91

## Dolci (Süßspeisen)

Cassata siciliana   126
Focaccia di mandorle   160
Frittelle di mele   63
Frutta al mascarpone   62
Gelato di ricotta alla romana   141
Panna cotta   76
Pizza dolce   93
Semifreddo all'amaretto con
    fichi   111
Semifreddo di castagne   182
Tiramisù   142
Torta allo zabaione   46
Torta sbrisulona   28
Zuccotto   162
Zuppa inglese ai tre colori   77

# REZEPTVERZEICHNIS IN DEUTSCH

**A**marettoparfait mit Feigen   111
Apfelküchlein   63

**B**andnudeln nach Art der
   Abruzzen   82
Barschfilets nach Mailänder Art   41
Blumenkohl, gebackener   90
Bohnen, weiße, nach Florentiner
   Art   159
Brennesselravioli   84
Brokkoli nach sizialinischer Art   123
Brokkolisuppe mit Pecorino   130
Brotsalat nach toskanischer Art   148

**C**remespeise, geschichtete,
   in 3 Farben   77
Crêpes mit Käsesauce   26

**D**icke Bohnen mit Speck   140
**E**rbsen, grüne, mit Speck   92

**F**enchelsalat mit Orangen   114
Fenchelsuppe   117
Festtagstorte, sizilianische   126
Fischsuppe nach adriatischer Art   86
Fleischbrühe nach Art von Pavia   34
Früchtegratin mit Mascarpone   62

**G**emüsefondue   24
Gemüsesuppe nach Mailänder Art   32
Goldbrasse vom Grill   156
Gorgonzolarisotto mit Lachs   36

Grießgnocchi mit Geflügelleber   134
Grüne Torte   180

**K**albfleisch, kaltes, mit Thunfisch-
   sauce   20
Kalbshaxen wie in San
   Gimignano   150
Kalbskoteletts mit Marsalasauce   74
Kalbsleber nach venezianischer Art   57
Kalbsschnitzel, kleine, mit Salbei   136
Kalbssteak mit Riesengarnelen   154
Kartoffeln mit Sardellen   179
Kastanienparfait   182
Krapfen, neapolitanische   102
Kürbis, marinierter gelber   60
Kürbisgnocchi auf Waldpilzragout   52

**L**ammrollbraten mit Rosmarin   153
Lammschulter mit Auberginen   106
Lebertoasts, kleine   146
Linsen, geschmorte, mit Salbei   44

**M**aisbrei aus dem Aostatal   16
Maisbrei mit Fleischsauce   17
Mandelfladen   160
Mandel-Mais-Torte, italienische   28
Mascarponecreme mit Löffel-
   biskuits   142
Milchbraten nach Bologneser Art   72
Muscheln nach Fischerart   178
Mozzarella, gebackener   97

**N**udelauflauf   70
Nudeln, „schlecht geschnittene",
   mit Brokkoli   104
Nußkuchen, gefrorener   164
Nußsauce   173

**O**chsenschwanzragout   138

**P**aprikaschoten, gefüllte   12
Perlhuhn, gebratenes, mit Geflügel-
   lebersauce   58
Pfannkuchen, gefüllte   124
Pfannkuchen mit Ricotta   110

Pizza mit Pilzen   100
Pizza nach Königsart   100
Pizza nach neapolitanischer Art   98
Pizza nach peruginer Art   100
Pizza, süße   93
Polentaring mit Fleisch und Wurst   51
Poularde, geschmorte   152

**R**avioli, rote, mit Basilikumsauce   174
Reiskugeln, sizilianische   118
Ricottaeis nach römischer Art   141
Rinderfilet nach sardischer Art   120
Rinderschmorbraten in Barolo   22
Rindfleisch, gekochtes,
   mit grüner Sauce   42
Rindfleisch, mariniertes rohes   14
Rindfleischröllchen, gefüllte   108
Risotto, gestürzter   35
Risotto mit Meeresfrüchten   54
Risotto nach Bauernart   149
Rührei mit Steinpilzen und
   Tomaten   40

**S**afrannudeln mit Gemüse und
   Meeresfrüchten   168
Sahnecreme, gestürzte   76
Sauerkrautsuppe   50
Scampi, ausgebackene   56
Seezungen im eigenen Saft   158
Spaghetti mit roher Tomaten-
   sauce   103
Spaghetti nach Köhlerart   133
Spargel nach Mailänder Art   45
Spinat-Käse-Gnocchi mit Tomaten   38
Spinat nach Art der Romagna   75
Spinatsuppe mit Ei   66
Steinpilze, gebratene   147
Stockfisch mit Tomaten   176

**T**eigtaschen nach Bologneser Art mit
   Salbeibutter   68
Teigtaschen nach Piemonteser Art   18
Tomaten-Brot-Suppe   132
Tomaten mit Mozzarella   96
Tomatenmousse mit Garnelen   81
Tomatensalat mit Frühlings-
   zwiebeln   80
Tomatensauce   172
Tomatensuppe mit Basilikum   67

**W**eincremesuppe, süße   116
Weinschaumtorte   46
Wildhase nach Jägerart   88
Wolfsbarsch mit Kräuterfüllung   122

**Z**iegenkäseravioli, grüne   170
Zucchini aus dem Ofen   91
Zucchinisuppe mit Muscheln   166

# REZEPTVERZEICHNIS IN ITALIENISCH

**A**gnolotti alla piemontese   18
Arancine di riso   118
Asparagi alla milanese   45

**B**accalà montagliari   176
Bagna cauda   24
Braciola di manzo alla napolitana   108
Brasato d'agnello al rosmarino   153
Broccoli alla siciliana   123
Brodetto dei pescatori   86
Budino di pomodoro   81
Bue al cucchiaio   22

**C**alzone   102
Caprese   96
Carne cruda alla Piemontese   14
Carpaccio   14
Cassata siciliana   126
Cavolfiore fritto   90
Coda alla vaccinara   138
Costolette di vitello al marsala   74
Cozze alla marinara   178
Crespelle con fonduta   26
Crostini con fegatini di pollo   146

**F**agioli alla fiorentina   159
Faraona arrosto alla trevisana   58
Fave col guanciale   140
Fegato alla veneziana   57
Fettuccine all'abruzzese   82
Filetti di pesce persico alla
    milanese   41
Focaccia di mandorle   160
Frittata con ricotta   110
Frittate ripiene   124
Frittelle di mele   63
Frutta al mascarpone   62
Funghi al funghetto   147

**G**elato di ricotta alla romana   141
Gnocchi con fegatini di pollo   134
Gnocchi di zucca ai funghi   52

**I**nsalata di finocchio ed arance   114
Insalata di pomodoro con
    cipolline   80
Involtini di peperoni   12

**L**asagne al forno   70
Lenticchie in umido   44
Lepre alla cacciatora   88
Lesso di manzo con salsa verde   42

**M**aiale al latte   72
Malfatti al pomodoro   38
Maltagliati con broccoli   104
Manzo alla sarda   120

**M**inestra di broccoli al pecorino   130
Minestra di finocchio   117
Minestra di spinaci con uova   66
Minestra di zucchini con
    le cozze   166
Minestrone alla milanese   32
Mozzarella fritta   97
Nodino di vitello ai gamberi   154

**O**rata alla graticola   156
Ossobuco al verde   150

**P**anna cotta   76
Panzanella   148
Pappa col pomodoro   132
Patate alla genovese   179
Piselli con guanciale   92
Pizza alla napoletana   98
Pizza alla perugina   100
Pizza con funghi   100
Pizza del re   100
Pizza dolce   93
Polenta con carne e salsiccia   51
Polenta con ragù   17

Polenta valdostana   16
Pollo in umido   152
Pomodori e mozzarella   96

**R**avioli all'ortica   84
Ravioli rossi al pesto   174
Ravioli verdi con formaggio
    di capra   170
Risotto ai frutti di mare   54
Risotto alla paesana   149
Risotto al salto   35
Risotto con impanate di Salmone   36

**S**alsa di noce   173
Salsa di pomodoro   172
Saltimbocca alla romana   136
Scampi fritti   56
Semifreddo all'amaretto
    con fichi   111
Semifreddo di castagne   182
Sogliole al piatto   158
Spaghetti alla carbonara   133
Spaghetti con salsa di pomodoro
    crudo   103
Spalla d'agnello con melanzane   106
Spigola ripiena alle erbe
    aromatiche   122
Spinaci di magro   75

**T**agliatelle gialle con verdura
    e frutti di mare   168
Tiramisù   142
Torta allo zabaione   46
Torta sbrisulona   28
Torta verde   180
Tortellini alla bolognese   68

**U**ova strapazzate con funghi
    porcini   40

**V**itello tonnato   20

**Z**ucca gialla in marinata   60
Zucchini al forno   91
Zuccotto   162
Zuppa alla pavese   34
Zuppa al vino dolce salina   116
Zuppa di crauti   50
Zuppa di pomodoro al basilico   67
Zuppa inglese ai tre colori   77

ISBN 3 8094 1209 0

**Fotostudio, Fotos:** Rezeptfotos: **Wolfgang und Christel Feiler,** Karlsruhe
Weitere Fotos im Innenteil: **Bavaria Bildagentur,** S. 65 u. (Klaus Thiele);
**Bildagentur Schuster,** Oberursel: S. 11 u. (Explorer), 30/31 (Prisma);
**Bildarchiv Huber,** Garmisch-Partenkirchen: S. 6/7 (ohne Nennung), 13 u. (Dolder), 64/65 (Simeone);
**Monika Decker,** Montabaur: S. 112/113;
**Wolfgang Feiler Fotostudio,** Karlsruhe: S. 4/5 u., 6 u. li.;
**Silvestris Fotoservice,** Kastl/Obb.: S. 49 u. (Berger), 10/11 (Bertrand), 94/95 (Sepp Dietrich), 144/145 (Hell), 2/3 (Wolfgang Korall), 95 u. (Roverato), 164/165 (Schneider und Will), 48/49, 78/79 und 79 u. (Otto Stadler), 128/129 und 129 u. (Otto Werner);
**Klaus Thiele,** Warburg: S. 145 u.;
**FALKEN Archiv: M. Brauner:** S. 18 re., 26 re., 28 Mi., 68 li., 94 u., 142 li., 154 re. und 182 o. re./**W. Feiler:** S. 10 u., 12, 14 re., 20 li., 20 re., 24 re., 28 re., 32 re., 36 re., 42 Mi., 52 li., 54 re., 56 li., 58 re., 60 u. re., 70, 80 li., 84 li., 86 re., 88 li., 88 re., 91, 96, 100 li., 100 re., 103, 104 li., 106 li., 106 o. re., 108 Mi., 108 re., 112 u., 114 li., 122, 124, 128 u., 144 u., 150, 163 Mi., 164 u., 166, 174, 176 li., 176 o. re., 176 u. re., 179, 180 Mi., 180 re., 184 re., 186 u., 187 und 188/**R. Feuz:** S. 50/**Grauel & Uphoff:** S. 100 Mi., 180 li. und 189 Mi./**B. Harms:** S. 166 re./**U. Kopp:** S. 38, 44, 48 u., 58 li., 62 u., 72 o. li., 82 li., 98, 120 li., 120 re., 138 Mi. und 184 Mi./**R. Schmitz:** S. 14 li., 22 li., 30 u. li., 32 li., 32 Mi., 34 li., 36 re., 38 li., 60 o. re., 68 li., 78 u., 82 re., 114 Mi., 138 re., 154 Mi., 160 re., 162 li., 168 Mi., 176 Mi., 185 re. und 186 o./**TLC:** S. 7 o., 8, 14 Mi., 14 u. re., 18 Mi., 24 Mi., 26 li., 30 u. re., 34 Mi., 36 Mi., 38 re., 42 re., 46, 52 o. re., 52 u. re., 54 Mi., 54 li., 57, 58 Mi., 60 li., 64, 72 re., 72 u. li., 75, 84 Mi., 84 re., 86 li., 88 re., 92, 93, 104 re., 106 u. re., 108 li., 114 u., 117, 118 Mi., 118 re., 120 Mi., 126, 130 li., 130 re., 136 o. re., 136 u. re., 138 li., 142 Mi., 142 re., 156 re., 160 li., 166 li., 168 li., 170 li., 182 li., 182 u. re., 185 Mi., 189 li. und 189 re./**Wissing:** S. 156 Mi. und 70 Mi.

**Zeichnung:** AS-Design, Ilse Stockmann-Sauer, Offenbach
**Layout:** Hartmut Steinebrunner, Frankfurt/M.
**Redaktion:** Astrid Waller
**Redaktion für diese Ausgabe:** Sabine Kieslich
**Herstellung:** Petra Becker
**Herstellung für diese Ausgabe:** Eva Kumar, Anke Sprey

**Satz:** FALKEN Verlag
**Druck:** Neografia, Martin
Printed in Slovakia

048300196X817 2635 4453 6271
04 03 02 01